MINI COUTURE

ZUM SELBERNÄHEN

für Mädchen

MINI COUTURE
ZUM SELBERNÄHEN

für Mädchen

MEHR ALS 20 MODELLE FÜR MÄDCHEN UND JUNGS

LITTLE MISS Y. & VERMILJOEN

EDITION FISCHER

EINLEITUNG

Was kommt dabei heraus, wenn man Little Miss Y. in einem Stoffgeschäft freie Hand lässt?

***

Dieses Buch zum Beispiel: eine Kooperation zwischen der Designerin Astrid-Fia De Craecker von Little Miss Y. und Lien Debruyne alias Vermiljoen.

22 Schnittmuster, 22 neue Modelle von Little Miss Y. Zu jedem Modell ein Schnittmuster, zu jedem Schnittmuster eine Schritt-für-Schritt-Anleitung. Die Grundtechniken zum Nähen und Fertigstellen werden ergänzt mit praktischen Profi-Tipps.

Mit diesem Buch lernen Sie nicht nur nähen, sondern vor allem auch die Freude am Nähen kennen. *Mini Couture zum Selbernähen* zeigt Ihnen, welche kreativen Möglichkeiten das Nähen bietet. Sie werden merken, dass jedes neue Projekt eine neue Suche ist, eine Suche nach der persönlichen, unverwechselbaren Gestaltung, nach einer eigenen Identität. Kreativ sind Sie selbst auf der Grundlage Ihrer Kinderträume. Keiner der Tipps erhebt den Anspruch auf Allgemeingültigkeit, alle dienen nur als Anregungen, als Hinweise für Sie, um Ihren eigenen Stil zu finden, um die Vorlage zu ergänzen – oder zu vereinfachen – ganz nach Ihren Vorstellungen. Kombinieren Sie die verschiedenen Schnittmusterteile miteinander, probieren Sie, suchen Sie die passenden Details, die dem Ergebnis Ihren individuellen Stempel aufdrücken.

Mit ihren Modellen möchte Fia die Botschaft verbreiten, dass Kreativität nicht darin besteht, perfekte Ergebnisse erzielen zu wollen oder Kopien herzustellen. Der kreative Prozess ist nicht der Weg, sondern ein eigenständiges Ziel. Fordern Sie sich selbst heraus, immer wieder einzigartige Werke zu schaffen. Kleidung muss nicht nur funktionell sein. Auf diese Weise gelingt es Ihnen vielleicht sogar, mit diesem Buch eine Traumgarderobe für jeden Tag des Jahres zu schaffen.

***

Astrid-Fia De Craecker

Lien Debruyne

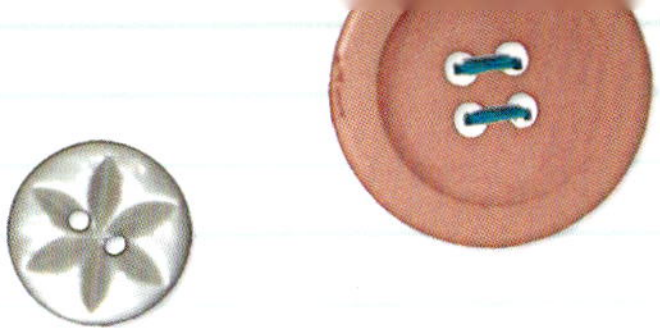

Astrid-Fia De Craecker beschäftigte sich schon als Kind mit Stoffen und Stoffresten. Sie studierte Mode und absolvierte auch eine 3-D-Ausbildung, aber erst nach der Geburt ihrer Tochter Yma schaffte sie den Durchbruch. Was vor elf Jahren mit dem Nähen für die kleine Miss Y. begann, wurde 2003 zur Marke Little Miss Y., die 2012 vom Magazin Knack Weekend als Nr. 10 der belgischen Kindermode-Szene aufgelistet wurde. Kindermode, die das Gewohnte hinter sich lässt, die sich durch einen eigenen Stil auszeichnet, durch eine Portion Glamour und eine Dosis Mysterium, eine Prise Vintage, aber vor allem viel Fantasie. Fia versteht es immer wieder, eine Kollektion voller Überraschungen abzuliefern. Design und Farbgebung ergänzen einander in ihren Arbeiten, und sie zeigt ein nie dagewesenes Geschick im Hinzufügen von Details.

Lien Debruyne gründete vor vier Jahren den Vermiljoenshop, damals das erste und einzige Online-Stoffgeschäft in Belgien. Einzigartig waren auch die Stoffe in diesem Konzept, jeder sorgfältig aus Kollektionen der ganzen Welt ausgewählt, mit besonderem Augenmerk auf Farbe und Fröhlichkeit.
Nach der Geburt ihrer jüngsten Tochter erwies sich der Terminkalender aber als gar zu voll, die Lust, weiterzumachen, als zu gering und der Wunsch nach neuen Herausforderungen als zu groß. Mit diesem Buch verabschiedet sich Lien nun vom Vermiljoenshop.

SCHMETTERLING

INDIANERKLEID (3 bis 10 Jahre)

Wird sie Schmetterling, stolzer Vogel oder schlaues Pony sein? Es müssen nicht immer Yakari und Kleiner Blitz sein. Alles ist möglich bei diesem Kleidchen. Sie haben sicher irgendwo noch Bänder liegen, die zu kurz sind, um sie noch zu verarbeiten, aber zu schön, um sie in der Schublade liegen zu lassen. Auf dieses Kleid passen sie hervorragend. Nähen Sie Knöpfe oder Perlen auf, wie es Ihnen gefällt. Ihre Tochter wird die Herrin der Prärie!

MATERIAL:

* Mittelschwerer, bedruckter brauner Stoff, z. B. Samt, Kunst-Veloursleder, eventuell Baumwolle
* Bänder und Perlen
* Schrägband

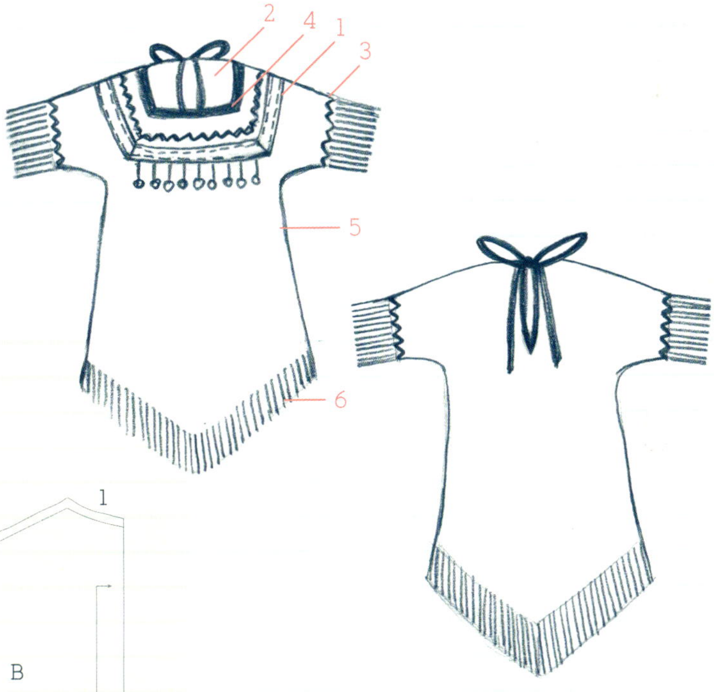

SCHNITTTEILE:

A Vorderteil 1 x im Stoffbruch
B Rückenteil 1 x im Stoffbruch

[Stoffbruch

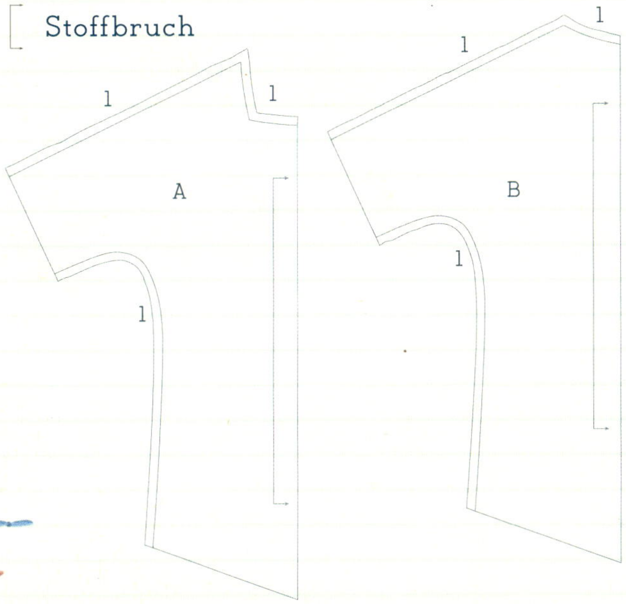

Mit der angegebenen Nahtzugabe zuschneiden.

-->

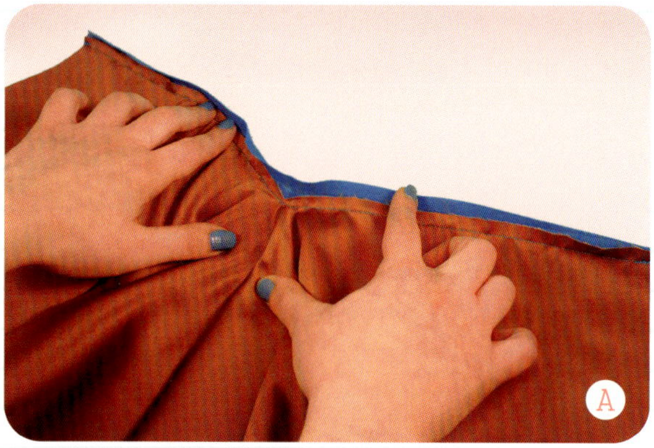

1 Die gewünschten Verzierungen rund um den Halsausschnitt aufnähen
2 Am Rückenteil bis zur Markierung einschneiden. Das Schrägband entlang dieser Schnittkante auf die rechte Stoffseite nähen. Foto A Dazu den Winkel gerade auseinanderziehen. Das Schrägband mit der Naht dazwischen umfalten. Bügeln und nähen. Das Rückenteil rechts auf rechts falten und so die Ecken zusammennehmen. Foto B Den Winkel zunähen.
3 Die Schulternähte schließen. Die Nahtzugaben nach hinten umbügeln. Eventuell absteppen.
4 Foto C Das vordere Schrägband zuschneiden (Für die Schnürung 2 x 35 cm zum Umfang des Halsausschnittes zugeben), in der Mitte falten und die Mitte des Bandes auf den vorderen Mittelpunkt des Halsausschnitts legen. Foto D Die Enden wie abgebildet zuschneiden und falten. Das Schrägband aufnähen.
5 Das Vorderteil rechts auf rechts auf das Rückenteil legen und die Ärmel- und Seitennähte schließen. Die Nahtzugaben mit Zickzack- oder Overlockstich versäubern. Nach Belieben an den Ärmeln weitere Verzierungen aufsteppen.
6 Mit Stecknadeln 6 cm vom unteren Rand entfernt Markierungen anbringen und Fransen einschneiden. Foto E Eine Lage nach der anderen einschneiden. An den Ärmeln wiederholen.

KLEINER ONKEL

DAS VERFLIXTE PFERD

Indianer und Cowboys sind nichts ohne ihre Pferde, die treuen Gefährten in der Prärie. Dieses Steckenpferd kommt daher wie gerufen. Wir haben uns für ein eher träges Pferd entschieden, dem die Hitze zu schaffen macht, das sich lieber unter einem Baum ausruht und wunderbar frisches Gras frisst.
Sie können natürlich daraus machen, was Sie wollen – ein mutiges Pferd, ein wütendes Pferd, ein Zebra für Individualisten oder ein Einhorn für die Träumer.

MATERIAL:

* Kurzfloriger Plüsch
* Filzreste
* Breites Band
* Weiches Füllmaterial

SCHNITTTEILE:

A1 und A2 Kopf je 1 x
B Maul 2 x
C Ohr Außenteil 2 x
C Ohr Innenteil 2 x Filz
D Zunge 1 x Filz
E Augenteile je 2 x Filz

Nach Maß zuschneiden:
Wimpern 2 x
Mähne und Pony: Länge an den Schnittteilen abmessen.
Breite nach Wunsch.

Ohne Nahtzugabe zuschneiden.

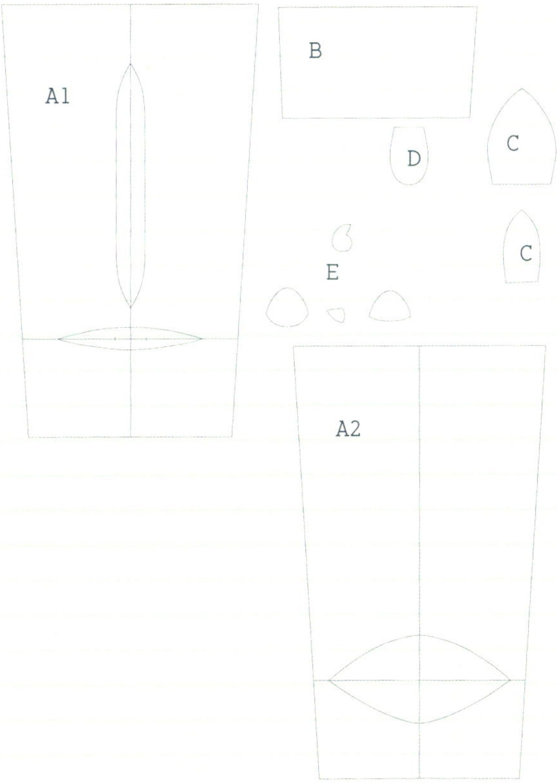

-->

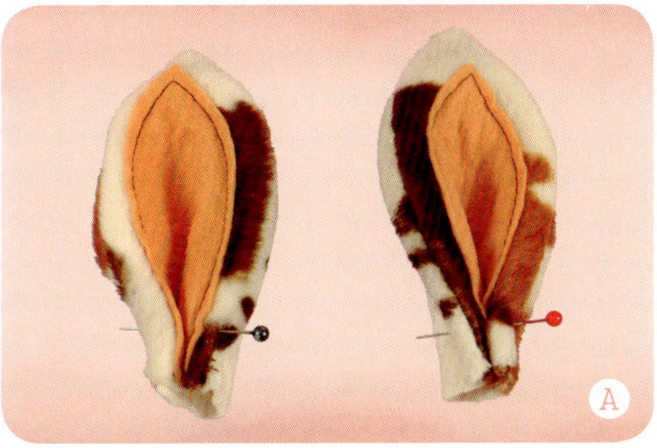

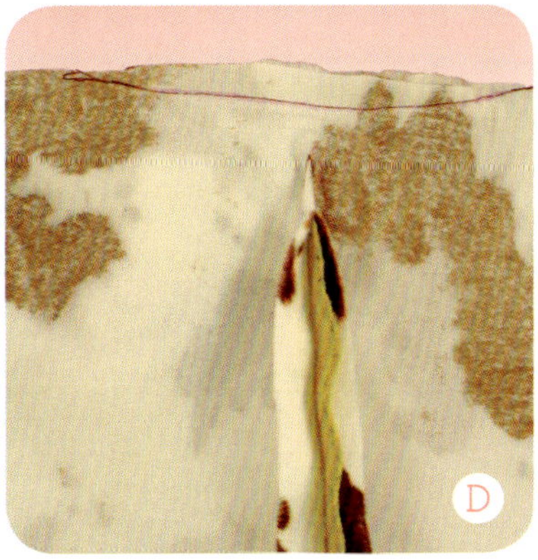

1 Die Markierungen für Mähne, Pony und Kinnform auf die Schnittteile für den Kopf zeichnen.
2 Foto A Das Ohr zusammensetzen: Dafür Innenteil (Haut) und Außenteil rechts auf rechts zusammennähen. Zurechtschneiden, wenden, unten einschlagen, schließen und zusammenstecken.
3 Foto B Die Markierung am oberen Schnittteil des Kopfes in der Mitte einschneiden. Das Stück für die Mähne dazwischenstecken und festnähen. Die Stellen für den Pony und die Ohren aufschneiden. Foto C Die Teile in den soeben angebrachten Einschnitten feststecken und -nähen. Foto D Immer auf den Markierungslinien nähen.
4 Die Markierungen für die Kinnform in das Schnittteil für die Unterseite des Kopfes einschneiden. Zusammenstecken und -nähen.
5 Foto E Das Maul auf das obere und das untere Schnittteil für den Kopf nähen.
6 Die Teile für die Ober- und die Unterseite des Kopfes rechts auf rechts aufeinanderlegen, zusammenstecken und beide Seitennähte vollständig schließen, also auch die Seitennähte am Maul.
7 Foto F Die Zunge bis etwas über die Hälfte schmal zusammennähen. Die Zunge von unten an das Maul am unteren Kopfteil stecken. Nähen.
8 Foto G Rund um den Rand des Mauls Kräuselfäden anbringen und anziehen, bis das Maul die richtige Form hat. Foto H Die Fäden so lange anziehen, bis das Maul ganz geschlossen ist, und dann mit den Enden das Maul von Hand zunähen.

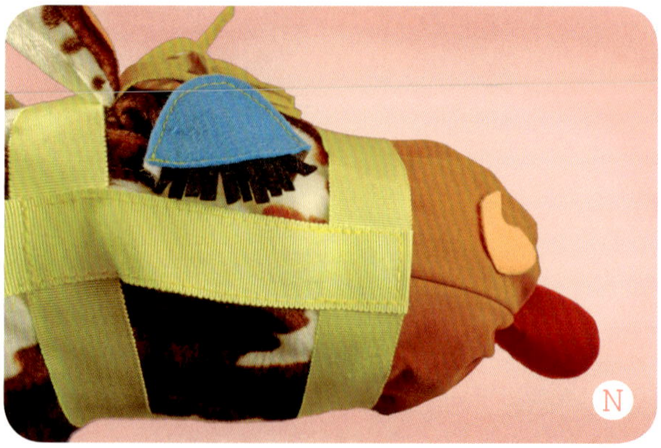

9 Foto I Ein Band an den Rand des Pferdehalses nähen. Auf dem Band mit der Hand einen Kräuselfaden rund um den Hals einziehen. Mit doppeltem Faden nähen, mit einer Schlinge beginnen und zum Schluss Nadel und Faden durch die Schlinge ziehen.

10 Foto J Um zu vermeiden, dass das Füllmaterial sich bei Unfällen im ganzen Haus verteilt, die Füllung in Plastikbeutel packen. Einen kleinen Beutel vorn ins Maul schieben. Größere Beutel an das Ende des Stocks kleben. Den Stock mit der angeklebten Füllung in den Pferdekopf stecken. Den Kräuselfaden anziehen und festnähen.

11 Das Stück Stoff für den Pony und die Mähne in Streifen schneiden.

12 Foto K Rund um den Kopf, direkt hinter den Ohren und rund um das Maul ein Band anstecken, um Maß zu nehmen für das Zaumzeug. Ein weiteres Band für die Zügel anstecken. Foto L Das Zaumzeug vom Kopf nehmen und die Bänder an den Kreuzungspunkten vernähen.

13 Foto M Das Auge zusammensetzen. Die Pupille auf das Auge kleben. Die Wimpern anstecken und das Augenlid darüber annähen. Foto N Die Augen auf den Kopf kleben. Die Nüstern auf das Maul kleben.

Hüahüahüahott! Brrbrrbrrbrr!

EIS AM STIEL

BABYKLEIDCHEN MIT AUSTAUSCHBAREN TRÄGERN
(6 Monate bis 3 Jahre)

Können Sie sich etwas Süßeres vorstellen als dieses Kleidchen? Schön zum Liegen, schön zum Krabbeln und schön zum Marschieren – ideal für Baby bis Kleinkind. Die Schulterbänder können Sie im Handumdrehen austauschen und so neue Farben ins Spiel bringen. Einfach, weil es Spaß macht.

MATERIAL:

* Leichter bis mittelschwerer Baumwollstoff als Oberstoff und Futter
* Stoff in einer Kontrastfarbe für Träger
* Leichte Bügeleinlage
* 2 Knöpfe für vorn, 4 bis 5 Knöpfe für den Rücken, 2 flache Knöpfe für innen
* Nach Wunsch: Spitze oder Zackenlitze

SCHNITTTEILE:

A Oberteil vorn 1 x im Stoffbruch, 1 x Futter im Stoffbruch, 1 x Bügeleinlage im Stoffbruch
B Oberteil hinten 2 x, 2 x Futter (entlang der Schnittlinie für das Futter zuschneiden), 2 x Bügeleinlage
C Rockteil vorn 1 x im Stoffbruch
D Rockteil hinten 2 x
E Träger 2 x (nach Wunsch weitere Träger zum Austauschen)

[Stoffbruch

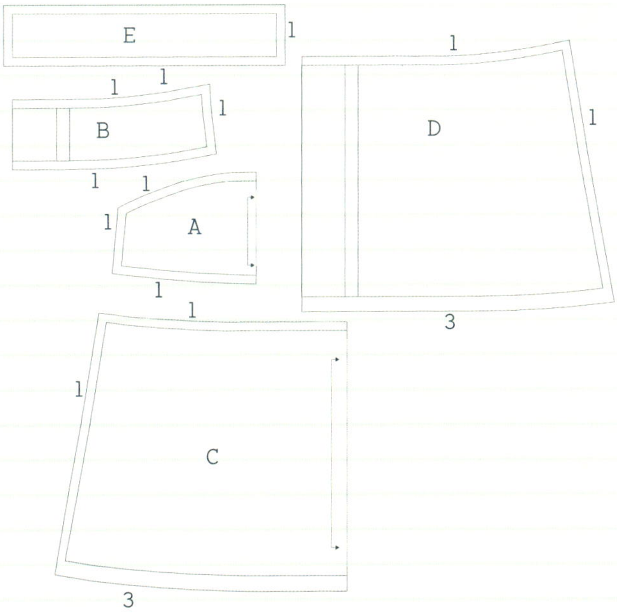

Mit der angegebenen Nahtzugabe zuschneiden..

--->

A

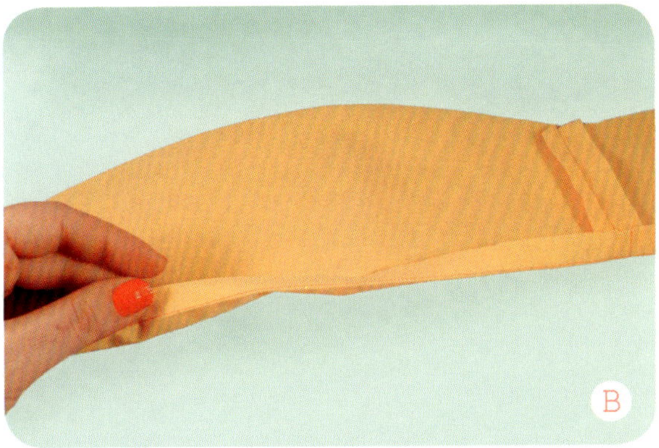
B

C

D

E

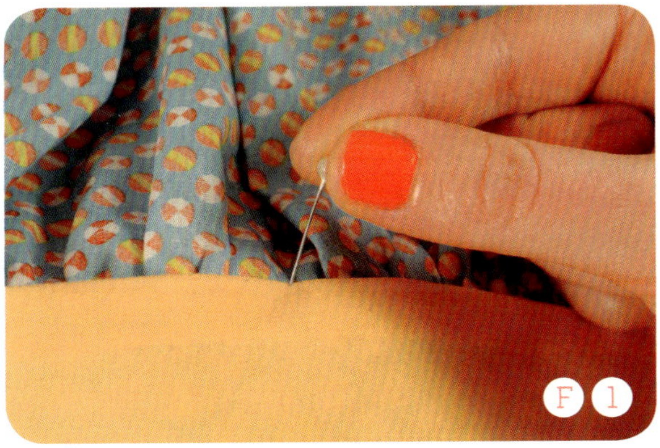
F 1

F 2

1 Die Oberteile mit Bügeleinlage verstärken. Foto A Die Seitennähte an Oberstoff und Futter schließen. Foto B 1 cm über dem unteren Rand des Futters eine Hilfslinie nähen und umbügeln.

2 Die Seitennähte des Rockteils schließen. Kräuselfäden zwischen den Markierungen einziehen. (Kräuselfäden sind Fäden, die mit der größten Stichlänge auf die Nahtzugabe gesteppt werden. Dabei an Anfang und Ende nicht vernähen, sondern lang abschneiden. Durch leichtes Ziehen an den Enden kräuselt sich der Stoff.) Für den Rock zwischen den Markierungen kräuseln, sodass die Falten schön verteilt sind. Foto C Den Rock rechts auf rechts an das Oberteil stecken und festnähen.

3 Foto D Spitze oder Bändchen rechts auf rechts an den oberen Rand des Oberteils nähen. Foto E Das Futter und den Oberstoff am oberen Rand rechts auf rechts zusammennähen. Wenden und bügeln.

4 Die Ränder der Knopfleiste mit Overlock- oder Zickzackstichen versäubern.

--->

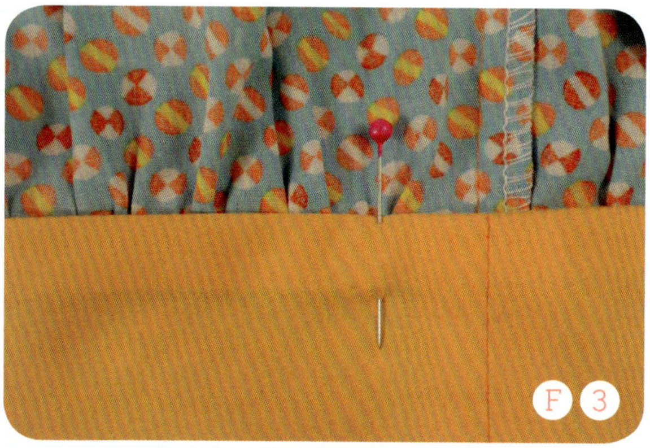

F 3

F 4

G

H

I

J

K

5 Das Futter auf die Naht legen und an der richtigen Stelle feststecken. Fotostrecke F1 bis F4 Beim Abstecken durch die umgebügelte Hilfslinie und die Naht des Oberteils stechen. Auf der vorderen Stoffseite 1 mm oberhalb der Naht absteppen. Auch den oberen Rand absteppen. In beiden Fällen die Knopfleiste mitnähen.

6 Den Saum versäubern. Siehe Seite 63. Saum bei Knopfleiste. Die Knopflöcher anbringen und die Knöpfe für den Verschluss auf der Rückseite annähen.

7 Foto G Hinten auf der Innenseite zum Anbringen der austauschbaren Träger die flachen Knöpfe an den markierten Stellen annähen. Dabei nur durch das Futter nähen. Foto H 1 cm vom Rand eine Hilfslinie auf die Träger nähen. An der Hilfslinie umbügeln, auch 1 cm vom anderen Rand umbügeln, sodass der Stoff doppelt liegt. Foto I Rechts auf rechts zurückschlagen und die kurzen Seiten zunähen. Die Ecken zurechtschneiden. Wenden und bügeln. Foto J Die lange Seite zunähen. Foto K Die Knöpfe annähen und Knopflöcher an den Stellen anbringen, die im Schnittmuster angegeben sind.

KIRSCHBLÜTE

HÜTCHEN (6 Monate bis 3 Jahre)

Ob Regen oder Sonnenschein – dieses fröhliche Modell passt den ganzen Sommer über. Außerdem lässt es sich wenden. Der breite Rand bietet zusätzlichen Sonnenschutz. Und wenn Sie den Hut aus wasserdichtem Stoff nähen, zum Beispiel aus Wachstuch, dann schützt er auch vor Regen!

MATERIAL:

* Schwerer Baumwollstoff als Oberstoff
* Mittelschwerer Baumwollstoff als Futter
* Bügeleinlage
* Nach Wunsch: 1 Knopf

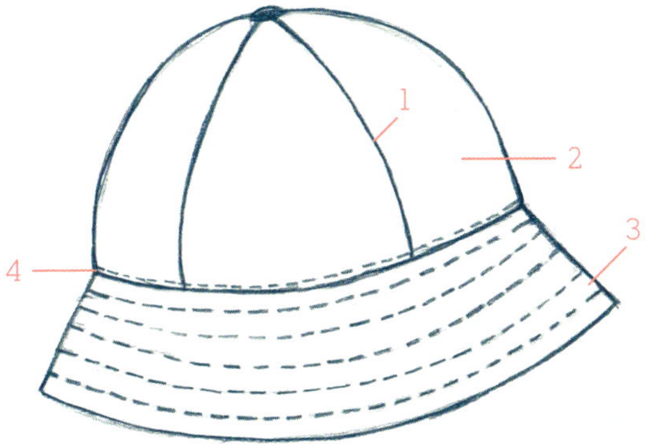

SCHNITTTEILE:

A Kopfteil 6 x, 6 x Futter, 6 x Bügeleinlage

B Krempe 2 x im Stoffbruch, 1 x Bügeleinlage im Stoffbruch

[Stoffbruch

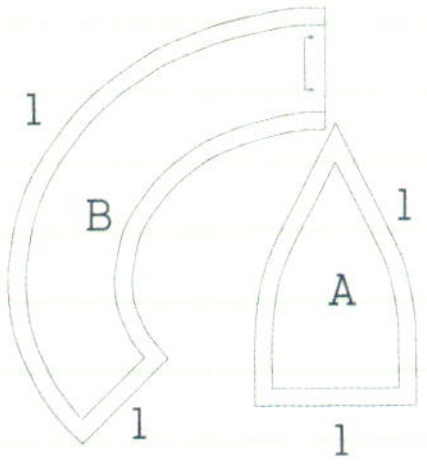

Mit der angegebenen Nahtzugabe zuschneiden.

--->

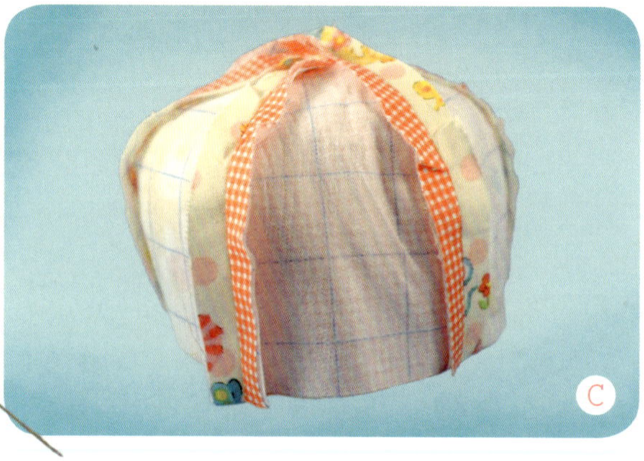

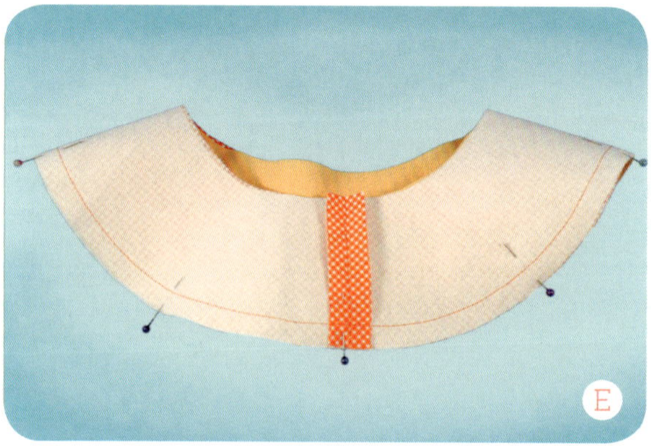

1 Alle Kopfteile mit Bügeleinlage verstärken. Zwei Kopfteile rechts auf rechts zusammennähen. Bei dieser und den folgenden Nähten immer die Einlage mit einnähen. Foto A Die erste Naht am oberen Ende offen abstecken und mit einnähen, wenn das folgende Kopfteil angenäht wird. Foto B Wiederholen und die 3 anderen Kopfteile zusammensetzen. Foto C Die Kopfhälften zusammenfügen und die Nähte auseinanderbügeln.

2 Schritt 1 mit dem Futter wiederholen. Foto D Achtung: In der Naht eine Öffnung lassen, wenn die beiden Hälften zusammengesetzt werden.

3 Foto E Den Kreis für die Krempe schließen. Oberstoff und Futter der Krempe rechts auf rechts legen und am äußeren Rand zusammennähen. Mit der Zackenschere zurechtschneiden, die Krempe wenden und bügeln. Foto F Die Krempe mit parallelen Nähten absteppen.

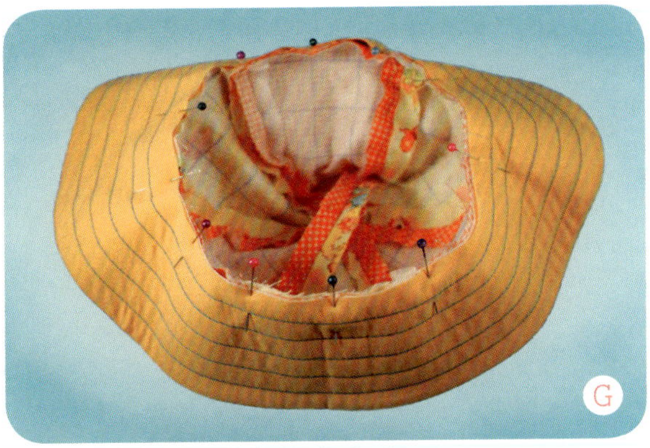

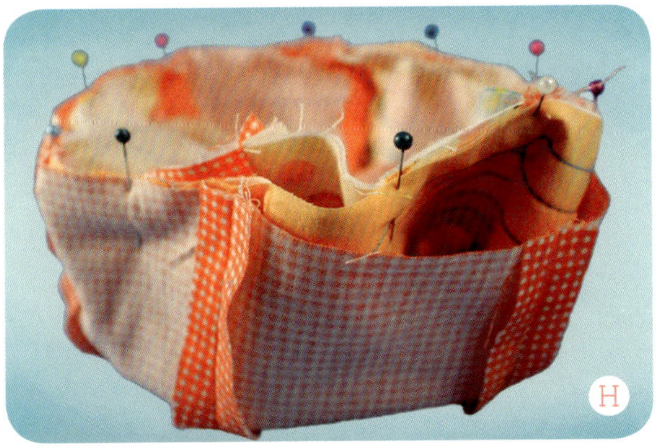

4 Foto G Die Krempe rechts auf rechts an den Oberstoff des Kopfteils stecken. Foto H Den Oberstoff und das Futter rechts auf rechts zusammenstecken. Nähen. Foto I Durch die Öffnung im Futter wenden. Die Krempe bügeln. Die Öffnung von Hand zunähen. Foto J Den Hut direkt über der Krempe absteppen. Eventuell auf das obere Ende des Kopfteils einen Knopf nähen.

MEINE KLEINE FARM

TOILETTENTÄSCHCHEN

Ob Sie aus diesem Haus ein Toilettentäschchen, einen Handarbeitsbeutel, ein Federmäppchen oder etwas ganz anderes machen, bestimmen Sie. Bei diesem Projekt können Sie sich austoben. Verwenden Sie Ihre Stoffreste und vor allem Ihre Fantasie. Gestalten Sie einen Vorgarten, Gardinen, Klingel und Hausnummer, setzen Sie eine Solaranlage aufs Dach oder stellen Sie ein Fahrrad neben die Tür. Schaffen Sie ein Haus, in dem Sie gern wohnen würden, oder schenken Sie Ihrem Kind das Traumhaus, das es selbst gezeichnet hat. Sie können daraus auch ein Mutter-Tochter-Projekt machen und ein Geschäft oder eine Bäckerei nähen. Hier können alle ihren Spaß haben

MATERIAL:

* Stoff für die Fassade
* Stoff für die Wände innen
* Fester Stoff für das Dach
* Stoffreste für Tür, Fenster, Baum usw.
* Stoffreste für Innenbeutel
* Feste Bügeleinlage
* Doppelseitige Bügeleinlage
* Filzreste
* Band für Streifen auf dem Dach
* Gummiband für Haarspangen
* Schrägband für Innenbeutel
* Perlen
* Knöpfe in verschiedenen Größen
* Druckknöpfe

SCHNITTTEILE:

A Wände 1 x, 1 x Futter, 2 x Bügeleinlage
B Dach 2 x, 2 x Bügeleinlage

Folgende Teile ohne Nahtzugabe zuschneiden:
Kleines Fenster 2 x
Großes Fenster 1 x
Tür 1 x
Strauch 1 x
Baumkrone 1 x
Baumstamm 1 x

Nach Maß zuschneiden:
Innenbeutel, Gummibandschlaufen, Verschluss

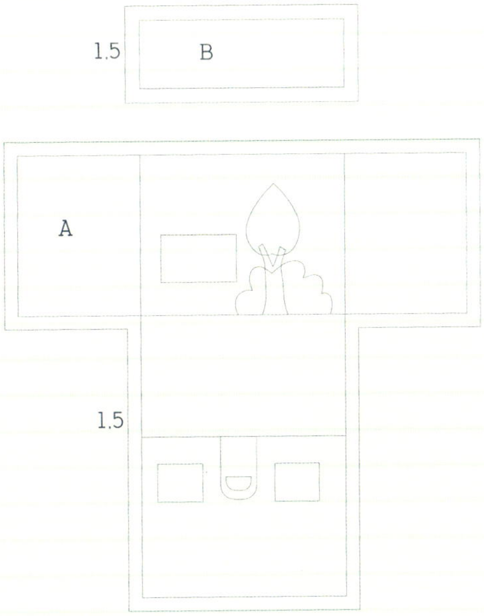

Mit der angegebenen Nahtzugabe zuschneiden.

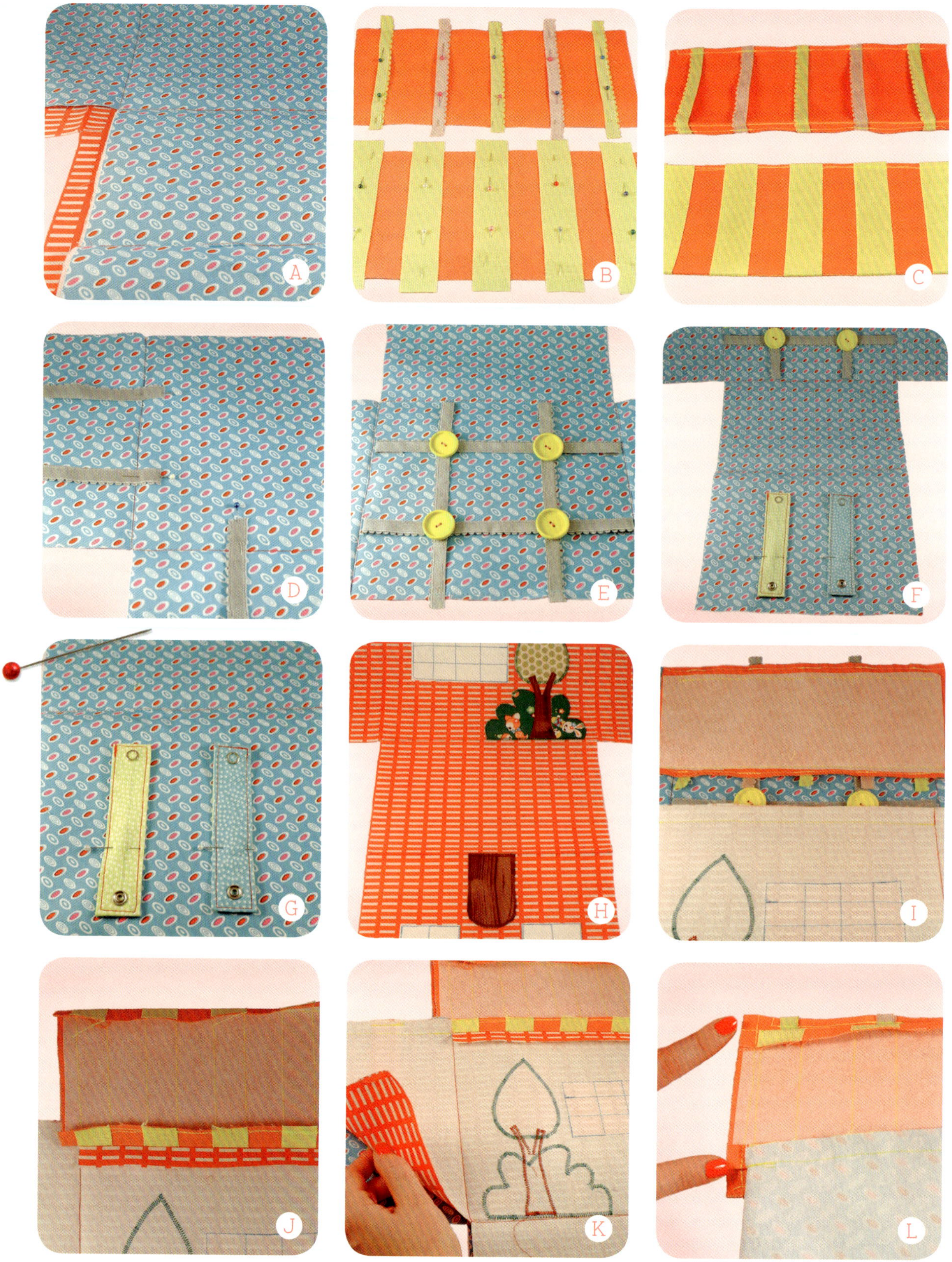
A
B
C
D
E
F
G
H
I
J
K
L

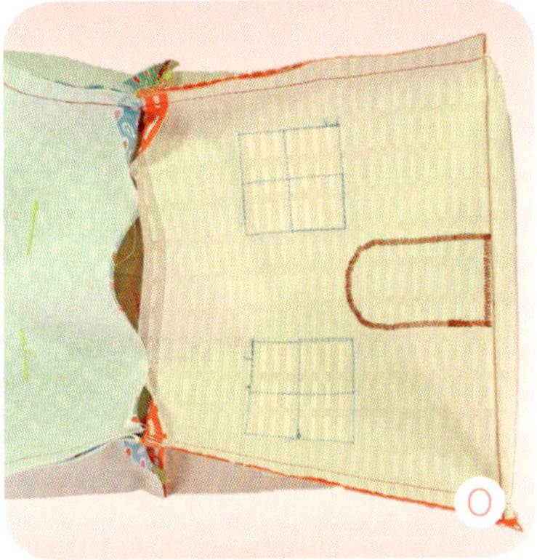

1 Bügeleinlage auf Dach, Fassade, Wände sowie auf die Futterteile bügeln. Hilfslinien an den Stellen nähen, wo die Giebelecken sitzen. Foto A Die Falten der Giebelecken umbügeln, Bergfalten für die Fassade, Talfalten für die Innenwände.

2 Foto B Die Bänder für die Haarspangen an die Innenseite des Dachs stecken, die Bänder für die Dachpfannen auf die Außenseite des Dachs stecken. Bei den inneren Bändern (auf dem Foto oben) nur die Enden annähen. Die äußeren Bänder werden an beiden Seiten auf ganzer Länge angenäht. Foto C Auf beide Dachteile 1 cm entfernt von den Seiten jeweils eine Hilfslinie nähen und umbügeln.

3 Foto D Auf eine Innenwand die Gummibänder für die Haarspangen nähen. Foto E Knöpfe darauf nähen, dabei die Innenwand mit einnähen. Foto F und Foto G Auf die gegenüberliegende Innenwand 2 Bänder mit Druckknöpfen für Haargummis nähen

4 Foto H Kleinteile wie Tür, Fenster, Baum und Strauch mit doppelseitiger Bügeleinlage versehen, aufbügeln und mit Zickzackstich applizieren.

5 Foto I Das innere Dach 1,5 cm vom oberen Rand einer Innenwand festnähen. Das äußere Dach am oberen Rand derjenigen Fassade festnähen, die an derselben Innenwand anschließt. Auf beiden Seiten beider Dächer 1,5 cm für die Giebelecken einschneiden.

6 Foto J Die Dachnähte auseinanderbügeln.

7 Foto K Innenwände und Fassade rechts auf rechts zusammenlegen, in die Mitte dazwischen ein 10 cm langes Band legen. 1,5 cm von den Schnitten von Schritt 5 die Naht neben der soeben auseinandergebügelten Dachnaht nähen. Auf der anderen Seite wiederholen. In einem der Bänder ein Knopfloch anbringen, an das andere einen Knopf nähen.

8 Foto L Entlang der Seitenränder inneres und äußeres Dach zusammennähen, die auf dem Bild gezeigten Ränder des äußeren Dachs umschlagen und mit einnähen. Foto M Wenden und bügeln.

9 Foto N Den Oberstoff und das Futter auseinanderlegen und alle Ecknähte auf einer Seite nähen, hier unten im Bild. 1,5 cm von der Ecke beginnen und auch enden, um die senkrechte Seite zu nähen. Foto O Auf der anderen Seite wiederholen, den oberen Rand des Vordergiebels offenlassen. Wenden. Alle Details, die noch auf das Haus genäht werden sollen, zum Beispiel eine Türklinke, sollten jetzt angenäht werden (kleben geht später immer noch). Foto P Die letzte offene Kante glattbügeln und nähen.

10 Foto Q Den noch offenen oberen Rand des Vordergiebels vernähen.

11 Noch einige Details nach Geschmack aufkleben: Blumen auf der Fensterbank, ein Vorgarten, die Katze ...

MARSHMALLOW

ROCK (3 bis 10 Jahre)

Das hier ist ein echter Basic-Rock. Aus leichter Baumwolle luftig im Sommer, aus Jeansstoff robust für den Frühling, aus Canvas, schwerer Baumwolle oder Wolle wärmend im Winter.
Sie können das Modell nach eigenen Vorstellungen ergänzen, zum Beispiel eine Tasche aufnähen oder wie hier eine Zierborte.
Damit ist dieser Rock ideal als Einstieg, nicht nur wegen des einfachen Schnitts, sondern auch, weil er Gelegenheit bietet, verschiedene Grundtechniken zu üben, zum Beispiel Taschen, einen Saum und einen unsichtbaren Reißverschluss.

MATERIAL:

* Leichter bis schwerer Stoff
* Stoff in einer Kontrastfarbe
* Bügeleinlage
* Reißverschluss in passender Länge

SCHNITTTEILE:

A Vorderteil 1 x im Stoffbruch
B Rückteil 2 x
C Beleg vorn 1 x im Stoffbruch
D Beleg hinten 2 x
E Zierborte vorn 2 x im Stoffbruch, 1 x Bügeleinlage
F Zierborte hinten 4 x, 2 x Bügeleinlage

[Stoffbruch

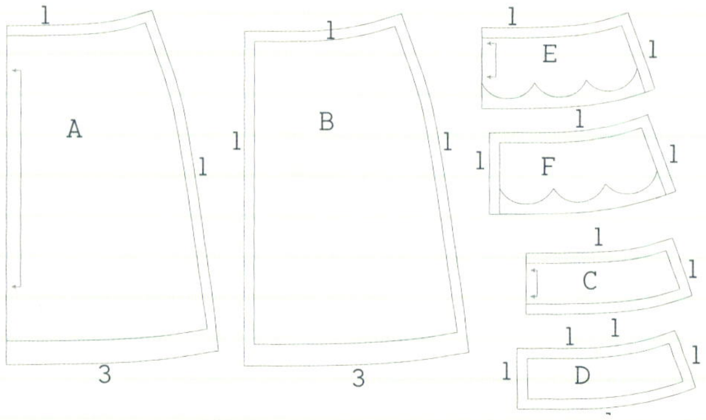

Mit der angegebenen Nahtzugabe zuschneiden.

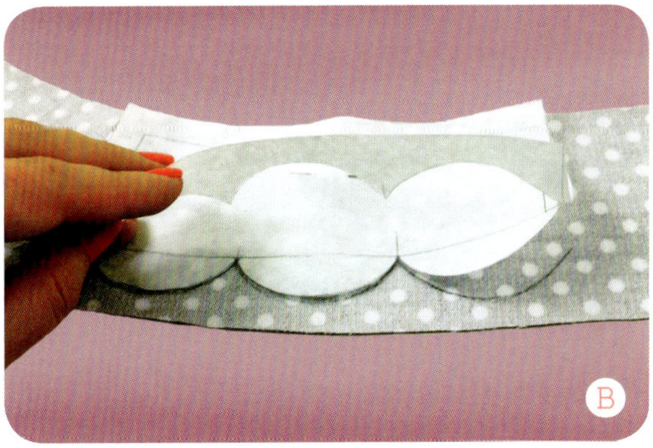

1 Die Seitennähte schließen und die Nähte auseinanderbügeln.
2 Die Seitennähte des Belegs schließen und auseinanderbügeln. Foto A 1 cm über dem unteren Rand des Belegs eine Hilfslinie steppen. Den unteren Rand an der Hilfslinie auf die Rückseite umbügeln.
3 Die Zierbortenteile mit Bügeleinlage verstärken. Die Seitennähte der Zierbortenteile schließen und auseinanderbügeln.
4 Foto B Die Bögen der Zierborte am Schnittteil ausschneiden und auf die Stoffteile übertragen. Entlang dieser Linie die Zierborte zusammensteppen. Foto C An der rückwärtigen Mitte bis zum oberen Rand absteppen. Foto D Zum Versäubern bis weit in die Bögen einschneiden und den überschüssigen Stoff abschneiden. Die Zierborte wenden und die Bögen herausarbeiten (Essstäbchen sind dabei praktisch). Alles glatt bügeln.

--->

5 Foto E Die Zierborte auf die rechte Seite der Rockteile legen und darauf den Beleg für den Rock. Foto F Die drei Teile bis zum Rand der Zierborte zusammennähen. Den Beleg nach oben bügeln und den restlichen Rand leicht einschneiden. Foto G Den Beleg 1 bis 2 mm vom Rand absteppen, dabei den überschüssigen Stoff des Restrandes auf der Rückseite mitsteppen. Den Beleg umbügeln und bis zu den Seitennähten an das vordere Rockteil stecken.

6 Die hintere Naht des Rocks leicht einschneiden, um zu markieren, wie weit sich der Reißverschluss öffnen darf. Die Naht von diesem Schnitt aus nach unten zusteppen. Die linke Seite des Reißverschlusses rechts auf rechts auf das linke Rückenteil stecken. Den Beleg, der wieder zurück nach vorn gelegt wurde, mit anstecken. Foto H Hier den Reißverschluss-Fuß einsetzen! 1 cm am oberen Rand entlang bis zum Reißverschluss nähen, drehen und entlang der Reißverschlusszähne von oben nach unten feststeppen. Den Beleg an seinen Platz zurückklappen und feststecken. Den Reißverschluss schließen. Das linke und das rechte Rückteil am oberen Rand gleich ausrichten und den Reißverschluss feststecken. Foto I Von unten nach oben die rechte Seite des Reißverschlusses rechts auf rechts bis zur Hälfte auf das rechte Rückteil steppen. Den Reißverschluss öffnen, die Reißverschlusszähne aufrollen und den Reißverschluss über die gesamte Länge feststecken. Achtung Beleg! Den Reißverschluss feststecken wie beim linken Teil, aber von unten nach oben. 1 cm am oberen Rand entlang steppen. Wenden. Den Beleg 3 cm vom oberen Rand um den ganzen Umfang des Rocks ansteppen. Die Zierborte nicht mit einnähen.

7 Den unteren Saum des Rocks nähen.

ROCK'N'ROLL

FALTENROCK (3 bis 10 Jahre)

Dieser Rock ist die Einfachheit selbst, dabei aber höchst überraschend. Es gibt keinen Schnitt, einfach ein paar gerade Stücke Stoff. Die Falten machen den Rock leicht und beweglich, die Wimpel auf der Vorderseite geben den extra Pfiff.

MATERIAL:

* Leichter Baumwollstoff
* Ripsband, diverse Bänder
* 5 bis 6 Knöpfe
* Knopflochgummi

SCHNITTTEILE:

* Bund und Rock nach dem Schema unten und den Maßen des Mädchens zuschneiden.
* Knopfleiste: Länge = Rocklänge + 2 cm Nahtzugabe. Breite: 12 cm + 2 cm Nahtzugabe.

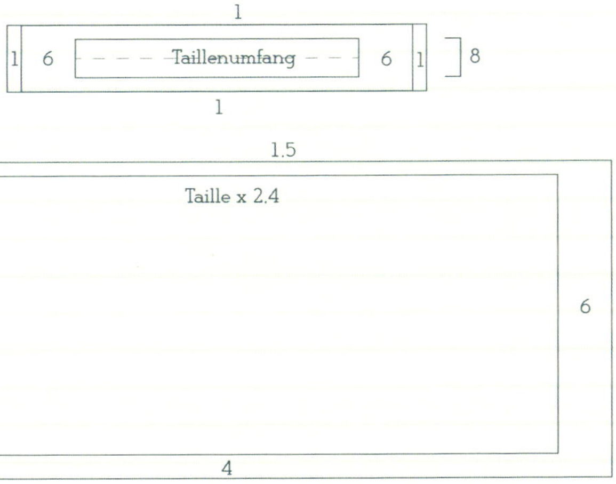

Mit der angegebenen Nahtzugabe zuschneiden.

1 Foto A Eine Hilfslinie 1 cm über dem Rand des Bundes nähen. Den Bund der Länge nach in der Mitte rechts auf rechts falten und bügeln. Den Stoff links auf links entlang der Hilfslinie falten und bügeln. Foto B Den Bund an den Seiten zunähen und die Ecken zurechtschneiden. Die Mitte markieren. Das wird die Mitte des Rückenteils; rechts und links davon noch einmal die Mitte markieren. Diese Markierung trifft später mit den Seitennähten zusammen. Foto C Am Rückenteil 3 cm von den beiden Seitenmarkierungen die Stellen für die Knopflöcher markieren.

2 Den Rand der linken Vorderseite des Rockteils mit Overlock- oder Zickzackstichen versäubern und anschließend 6 cm breit umbügeln.

3 Den Saum mit Overlock- oder Zickzackstichen befestigen. Foto D Dafür den Saum umbügeln, am umgebügelten linken vorderen Rand eine Ecke aus dem Saum schneiden und den Saum umbügeln und nähen.

--->

4 Foto E Die Nahtzugabe der Knopfleiste umbügeln. Den oberen und den unteren Rand bügeln und die Knopfleiste der Länge nach links auf links halbieren und bügeln. Die Ecken am unteren und oberen Rand zurechtschneiden. Foto F Aus Stoffresten die Wimpel herstellen. Foto G Den rechten vorderen Rand des Rockteils zwischen die Knopfleiste legen und mit den Wimpeln zusammen anstecken. Dabei am oberen Rand Platz für den Bund lassen. Rockteil, Wimpel und Knopfleiste zusammennähen.

5 Die hintere Mitte des Rockteils markieren und die Seitenmarkierungen am oberen Rockrand anbringen. Foto H Mit großer Stichlänge zwei Kräuselfäden in den oberen Rockrand steppen, einmal ganz herum, dabei den Beleg und die Knopfleiste auslassen.

6 Die mittleren und seitlichen Markierungen von Rock und Bund zusammenstecken und die Kräuselbänder zusammenziehen, sodass der Rock sich gleichmäßig in Falten legt. Foto I Den Bund rechts auf rechts auf den Rock stecken. Nähen, wenden und bügeln. Die innere Seite des Bunds über die Naht legen feststecken. Beim Abstecken durch die umgebügelte Hilfslinie und die Naht des Bundes stechen. Auf der vorderen Stoffseite 1 mm oberhalb der Naht knappkantig absteppen. Siehe Seite 18, Eis am Stiel, Schritt 5.

7 Die Knopflöcher anfertigen und die Knöpfe annähen.

ZITRONENFALTER

BLUSE (3 bis 10 Jahre)

Diese Bluse ist ein echtes Basic-Stück. Eine Variation bieten wir hier schon an: entweder ärmellos oder mit kurzen Ärmeln.
Suchen Sie einen fröhlichen, bunten Stoff aus, oder mögen Sie eher etwas Schlichtes? Beim Kragen können Sie dann einen Akzent setzen, indem Sie einen kontrastierenden Stoff wählen oder einfach denselben wie für die Bluse, vielleicht mit Zackenlitze oder Paspelband am Rand. Die Möglichkeiten sind endlos!
Die ärmellose Bluse Zitronenfalter ist vollständig gefüttert. Die Bluse Blush hat ein Schrägband am Kragenansatz und kurze Ärmel.

MATERIAL:

* Leichter bis mittelschwerer Stoff
* Bügeleinlage
* Nach Wunsch: Zackenlitze oder Paspelband
* 4 bis 5 Knöpfe

SCHNITTTEILE:

A Vorderteil 1 x im Stoffbruch, 1 x Futter im Stoffbruch
B Rückenteil 2 x
C Kragen 4 x, 2 x Bügeleinlage
D Rückenteil 2 x Futter

[Stoffbruch

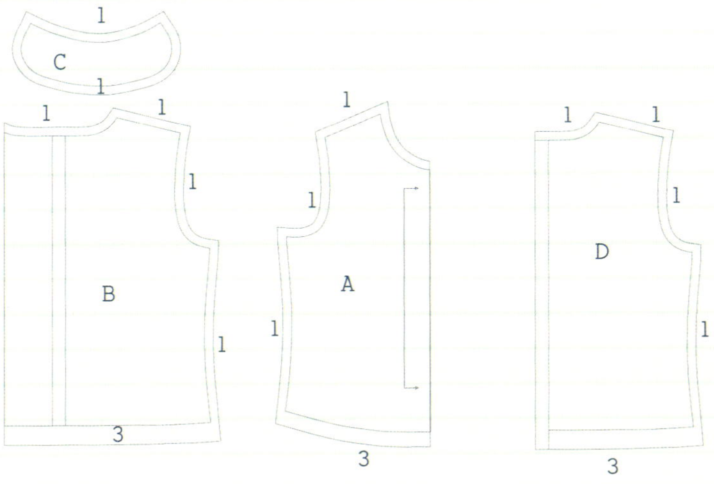

Mit der angegebenen Nahtzugabe zuschneiden.

--->

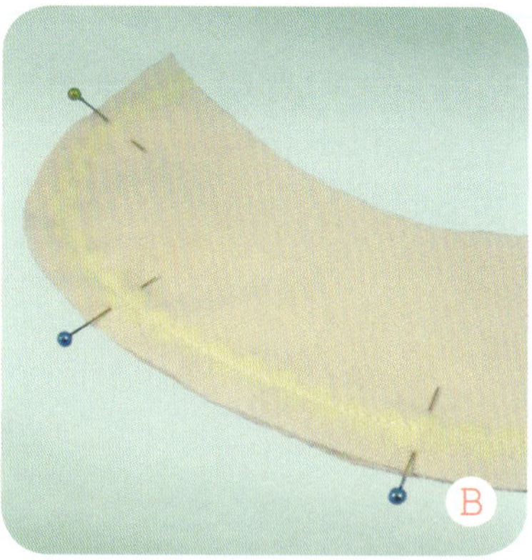

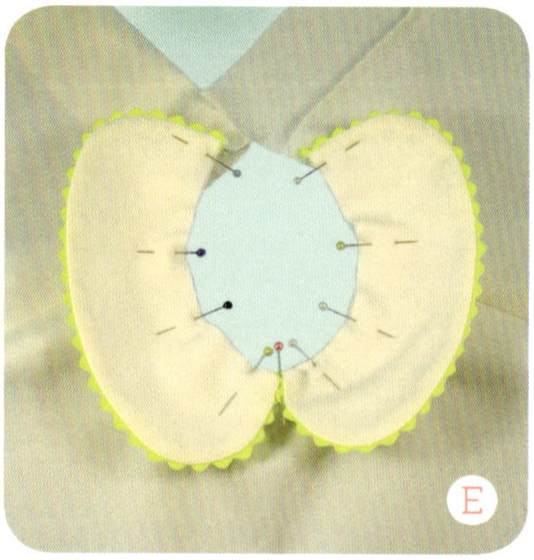

1 Den Kragen mit Bügeleinlage verstärken. Foto A Das Band entlang der Schnittlinie auf die rechte Seite des oberen Kragenteils nähen. Foto B Das obere Kragenteil rechts auf rechts auf das untere stecken. Nähen. Foto C Die Nahtzugaben des Kragens mit der Zackenschere oder dicht am Rand zurückschneiden und leicht einschneiden. Foto D Den Kragen wenden, sodass alle Ränder genau aufeinander liegen. Bügeln. Mit dem anderen Kragenteil wiederholen.

2 An beiden Rückenteilen des Oberstoffs die Nahtzugabe der Knopfleiste umbügeln. Die Seitennähte an Oberstoff und Futter schließen und auseinanderbügeln.

3 Foto E Den Kragen auf die rechte Seite der Bluse stecken. 0,7 cm vom Rand den Kragen annähen. Foto F Das Futter rechts auf rechts auf den Oberstoff stecken, sodass der Kragen dazwischenliegt. Foto G Futter, Kragen und Oberstoff zusammennähen. Am Rand des angeschnittenen Belegs beginnen. Foto H So entsteht eine praktische Hilfslinie zum Versäubern. Aber Vorsicht: Am Anfang der Kragennaht kurz hin- und hernähen, um den Faden zu vernähen. Den Rand zurückschneiden. Auch Armlöcher, Futter und Oberstoff rechts auf rechts legen und dann nähen. Die Ränder zurückschneiden.

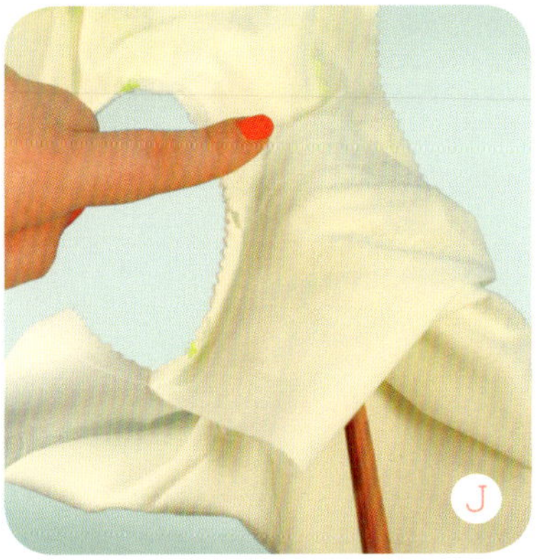

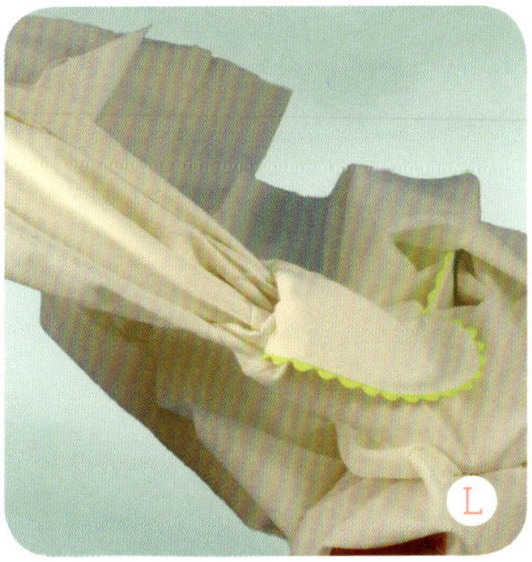

4 Fotostrecke I bis L Die Bluse wenden. Dazu Oberstoff und Futter an einem Punkt unten in der Mitte des Rückens zusammennehmen und zwischen Schulter- und Kragennaht hindurchziehen (ein Essstäbchen ist dabei ein praktisches Hilfsmittel). Auf der anderen Seite wiederholen und bügeln.

5 Foto M Oberstoff und Futter trennen und in einem Durchgang an beiden die Seitennähte schließen und auseinanderbügeln.

6 Den Rand der Knopfleiste mit Overlock- oder Zickzackstichen versäubern. Den oberen Rand der Knopfleiste an der Hilfslinie nach innen bügeln. Foto N Die Knopfleiste nach außen falten, die Hilfslinie genau auf die Kragennaht legen und feststecken. Aber Vorsicht: Das Futter vorher nach oben legen, es darf nicht mit angesteckt und -genäht werden. Entlang der Hilfslinie nähen, dabei nicht in den Kragen nähen! Die Knopflöcher anbringen und die Knöpfe annähen.

7 Den Saum versäubern (siehe Seite 63, Saum bei Knopfleiste).

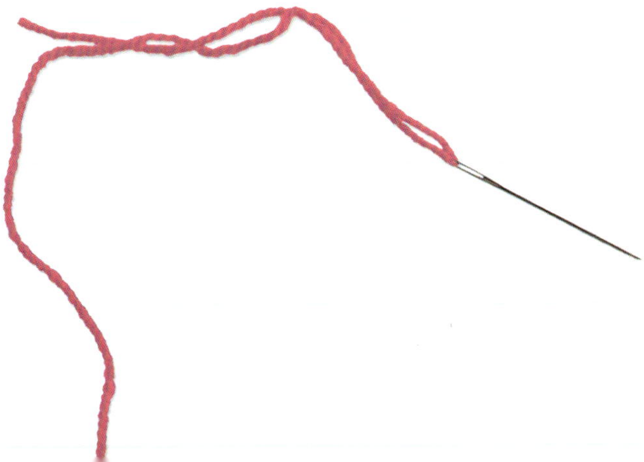

BLUSH

BLUSE MIT ÄRMELN
(3 bis 10 Jahre)

MATERIAL:

* Leichter bis mittelschwerer Stoff
* Bügeleinlage
* Nach Wunsch: Zackenlitze oder Paspelband
* 4 bis 5 Knöpfe

SCHNITTTEILE:

A Vorderteil 1 x im Stoffbruch
B Rückenteil 2 x
C Kragen 4 x, 2 x Bügeleinlage
D Ärmel 2 x

Mit der angegebenen Nahtzugabe zuschneiden.

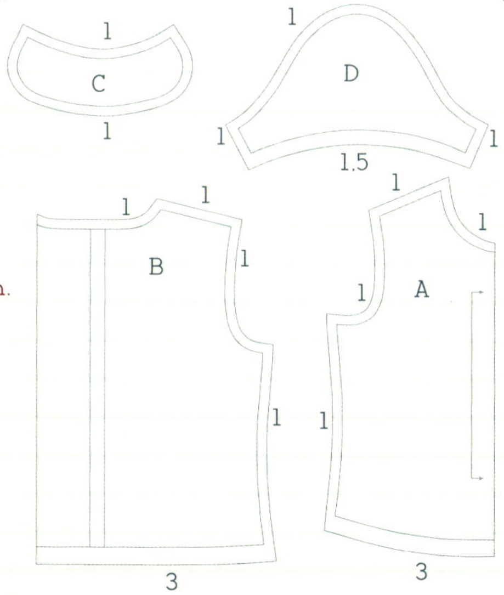

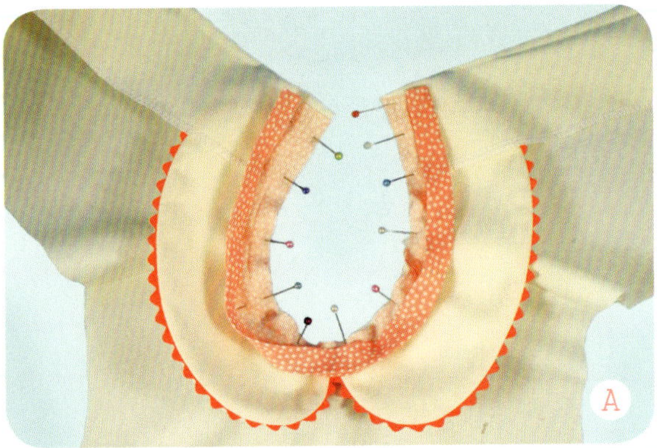

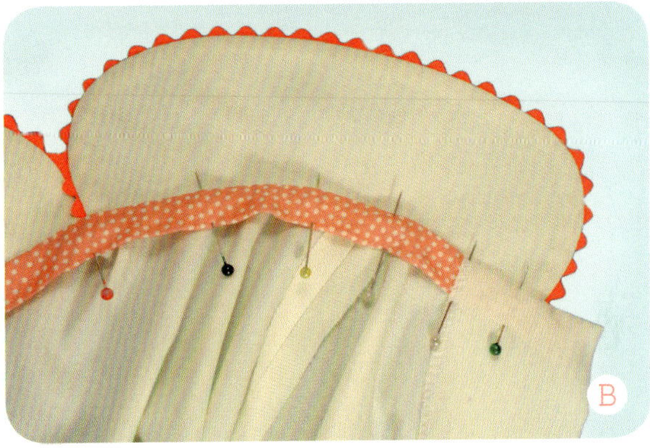

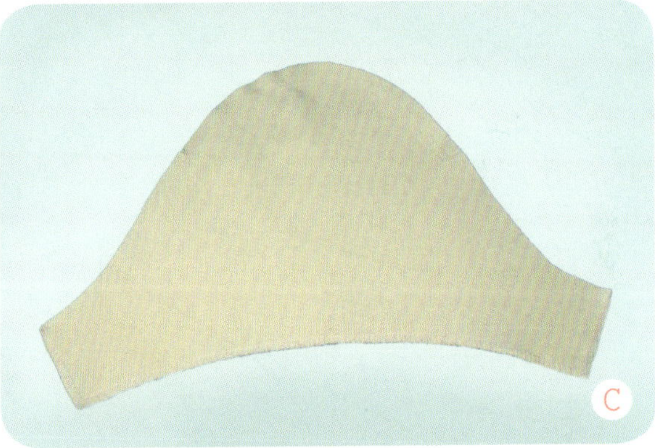

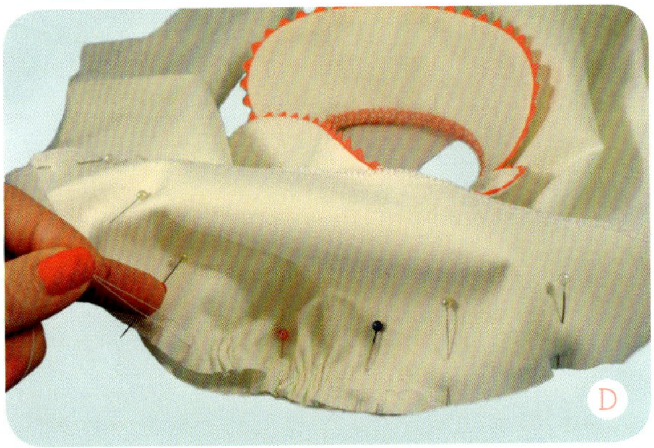

1 Den Kragen anfertigen (siehe Seite 34, Zitronenfalter, Schritt 1).

2 Die Schulternähte schließen.

3 Siehe Foto E Zitronenfalter, Seite 34. Den Kragen auf die rechte Seite der Bluse stecken. Den Kragen 0,7 cm vom Rand entfernt annähen. Foto A Die Knopfleiste nach außen über den Kragen falten. Ein Schrägband entlang der Faltkante rechts auf rechts auf den Kragen stecken, von der hinteren Verschlusskante einmal herum; die Knopfleiste mit anstecken. Nähen. Foto B Knopfleiste und Schrägband zurück an Ort und Stelle falten und das Schrägband anstecken. Die Nadel in der linken Position befestigen und das Band annähen; dabei den Nähfuß an der Kragennaht am Rand des Schrägbands entlangführen. Bügeln.

4 Foto C Mit möglichst großer Stichlänge 2 Kräuselfäden in die Schulternaht des Ärmels ziehen. Die Nähte am Ärmel mit Overlock- oder Zickzackstichen versäubern, ausgenommen die Schulternaht. Foto D Den Ärmel einpasssen, dabei die Markierungen auf den Schnittteilen beachten. Den Kräuselfaden so anziehen, dass der Ärmel in das Armloch passt. Den Ärmel einnähen. Die Schulternaht des Ärmels mit Overlock- oder Zickzackstichen zusammen mit der Naht der Bluse versäubern. Den unteren Ärmelsaum versäubern.

5 Die Seitennähte, auch die der Ärmel, schließen. Die Nähte auseinanderbügeln.

6 Die unteren Säume versäubern (siehe Seite 63, Saum bei Knopfleiste). Knopflöcher anbringen und die Knöpfe annähen.

SPRINKLES

BLUSE MIT BELEG UND PIERROTKRAGEN
(3 bis 10 Jahre)

Ein Fest! Diese doch sehr einfache Bluse ist ein echter Hingucker! Der auffällige Kragen wirkt perfekt und macht die Bluse einzigartig, aber auch passend für jeden Tag, denn warum sollte man nicht aus jedem Tag ein Fest voller schöner Überraschungen machen?

MATERIAL:

* Leichter bis mittelschwerer Baumwollstoff
* Leichter bis mittelschwerer Baumwollstoff in einer Kontrastfarbe für den Kragen
* 4 bis 5 Knöpfe

SCHNITTTEILE:

A Vorderteil 1 x im Stoffbruch
B Rückenteil 2 x
C Beleg vorn 1 x im Stoffbruch
D Beleg hinten 2 x

[Stoffbruch

Kragenstreifen: Länge 110 cm, Breite nach Wunsch. Auf der ganzen Länge Markierungen zeichnen, nach 1,5 cm, 2,5 cm, 1,5 cm, 2,5 cm, 1,5 cm, usw.

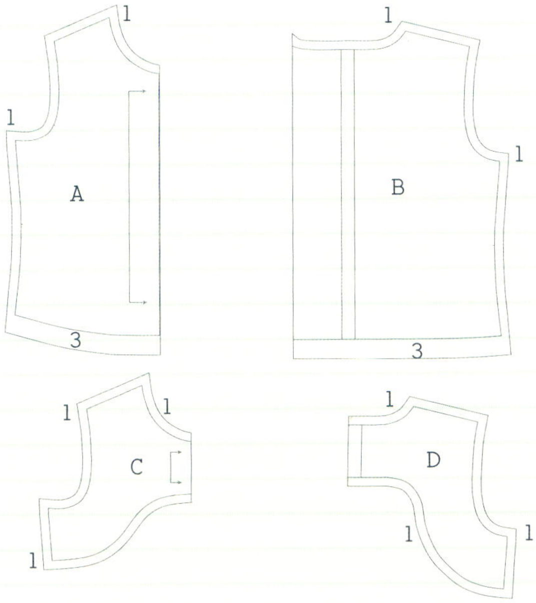

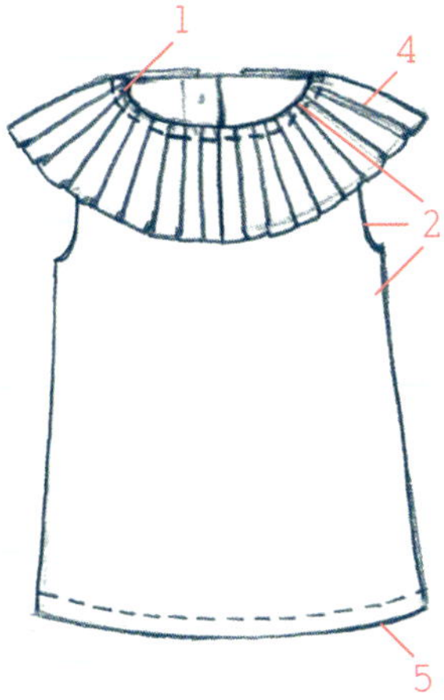

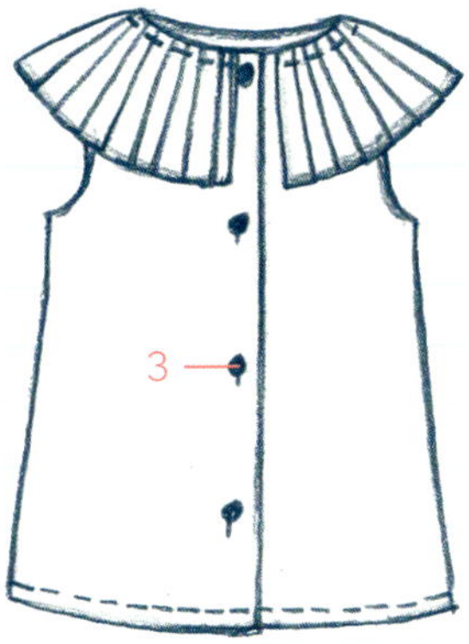

Mit der angegebenen Nahtzugabe zuschneiden.

--->

1 Die Schulternähte schließen. Die unteren Ränder des Belegs mit Overlock- oder Zickzackstichen versäubern.
2 Siehe Seite 43, Kichererbse, Schritt 2.
3 Knopflöcher anbringen und die Knöpfe annähen.
4 Foto A Den Kragen säumen. Foto B Die Falten des Kragens entsprechend der Markierungen bügeln. Foto C Die Falten 1 cm vom oberen Rand entfernt abnähen; dadurch entsteht auch eine Hilfslinie. Foto D Die Ränder versäubern. Foto E Den Kragen entlang der Hilfslinie auf die Rückseite umbügeln. Den Kragen auf die Bluse stecken und 0,7 cm vom Rand entfernt annähen.
Dabei mit der Mitte des Kragens in der vorderen Mitte der Bluse beginnen und bis zu den Markierungen am Verschluss stecken. Eventuell die Länge des Kragenteils anpassen und die Enden versäubern.
5 Den Saum der Bluse nähen und versäubern. Siehe dazu Seite 63, Saum bei Knopfleiste.

KICHERERBSE

HEMDKLEID MIT GÜRTEL
(3 bis 10 Jahre)

Für große und kleine Mädchen, die mit ihren Freundinnen über große Träume und kleine Geheimnisse tuscheln.
Ein hübsches Kleid mit Beleg im Oberteil innen, Knöpfen vorn und einem Gürtel in der Mitte. Colourblocking oder ganz schwungvoll mit Blumen – hier funktioniert beides. Lassen Sie ruhig Ihr Kind den Stoff auswählen. Mädchen wissen sehr genau, was sie wollen.

MATERIAL:
* Leichter bis mittelschwerer Baumwollstoff
* Leichter bis mittelschwerer Baumwollstoff in einer Kontrastfarbe
* Bügeleinlage
* 10 Knöpfe

SCHNITTTEILE:
A Vorderteil 2 x
B Rückenteil 1 x im Stoffbruch
C Beleg vorn 2 x
D Beleg hinten 1 x im Stoffbruch
E Gürtelschlaufe 6 x, 3 x Bügeleinlage
F Rockteil vorn 2 x
G Rockteil hinten 1 x im Stoffbruch

Nach Maß zuschneiden: Gürtel 1 x

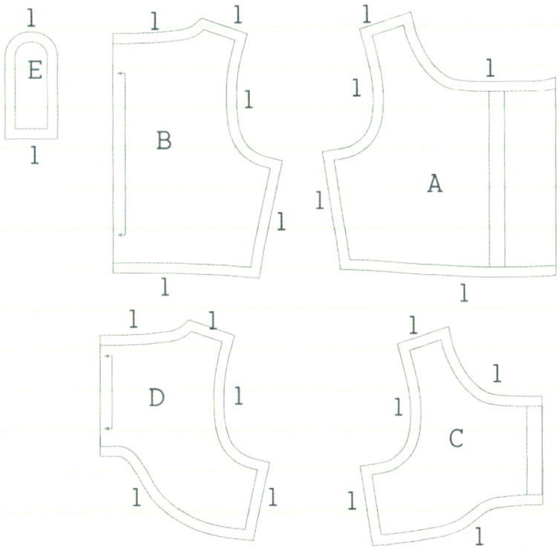

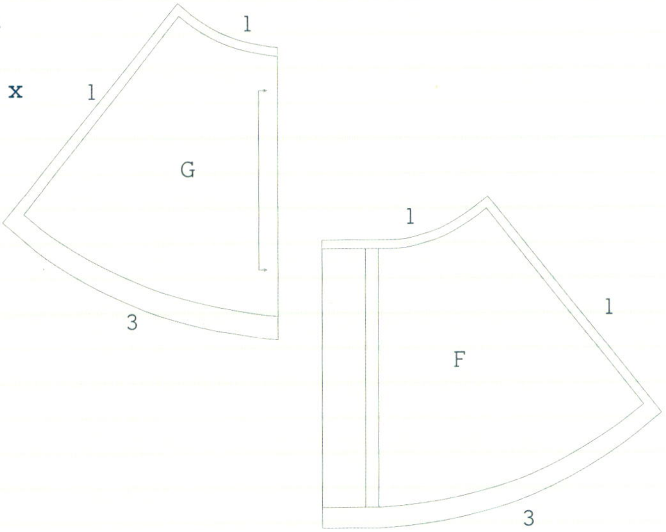

Mit der angegebenen Nahtzugabe zuschneiden.

--->

A
B
C
D
E
F
G
H
I
J

1 Foto A Die Schulternähte schließen und die Knopfleiste auf beiden Seiten umbügeln. Die Nähte versäubern. Foto B Die Schulternähte des Belegs schließen und die Nähte versäubern. Die unteren Ränder umbügeln.

2 Foto C Den Beleg rechts auf rechts auf den Oberstoff stecken und annähen. Die Ränder zurechtschneiden. Foto D Durch die Schulteröffnung wenden. Bügeln. Foto E Die Seitennähte an Oberstoff und Beleg in einem Durchgang schließen. Foto F Die Knopfleiste am oberen Rand festnähen (auf dem Foto links; rechts auf Foto F ist die schon gewendete Seite zu sehen).

3 Foto G Die Gürtelschlaufen mit Bügeleinlage verstärken. Je 2 Teile für Gürtelschlaufen rechts auf rechts zusammennähen, die Nähte zurechtschneiden. Wenden und bügeln. Foto H Die Gürtelschlaufen an den auf dem Schnittmuster markierten Stellen auf das Oberteil stecken.

4 Den Rock herstellen: Die Seitennähte schließen, versäubern und nach hinten bügeln. Die Knopfleiste für beide Seiten umbügeln.

5 Den Rock an das Oberteil stecken und nähen. Die Nähte zusammen versäubern. Die Naht nach unten umbügeln und absteppen.

6 Foto I Die Kanten des Gürtels nach innen umfalten. Foto J Die Enden rechts auf rechts zunähen, die Ecken zurechtschneiden. Umbügeln. Den Gürtel längs links auf links zusammennähen.

7 Gürtelschlaufen und vorderen Verschluss mit Knopflöchern und Knöpfen versehen. Den Saum nähen (siehe Seite 63, Saum bei Knopfleiste).

OBERTEILE:

Hier folgen drei Oberteile und zwei Röcke, insgesamt also sechs Kleider, denn jeder Rock lässt sich mit jedem Oberteil kombinieren. Eine Herausforderung für Sie! Hier entscheiden Sie allein, was Sie machen. Denn nicht nur die Zusammenstellung von Oberteil und Rock bietet viele Möglichkeiten; es gibt da auch noch verschiedene Saumtechniken (Seiten 62 und 63), die Sie verwenden können, und unterschiedliche Taschen (Seite 63).

KNALLBONBON

OBERTEIL MIT SCHULTERSCHLEIFEN (3 bis 10 Jahre)

Für süße Mädchen, die mit einem Augenzwinkern durch den Tag gehen. Vorder- und Rückseite dieses Modells sind gleich; wenn Sie möchten, können Sie auch ein echtes Wendekleid daraus machen.

MATERIAL:

* Leichter bis mittelschwerer Stoff
* Nach Wunsch: Zackenlitze

SCHNITTTEILE:

A Vorderteil 1 x im Stoffbruch
1 x Futter im Stoffbruch

B Rückenteil 1 x im Stoffbruch
1 x Futter im Stoffbruch

C Schulterschleifen 8 x

[Stoffbruch

Mit der angegebenen Nahtzugabe zuschneiden.

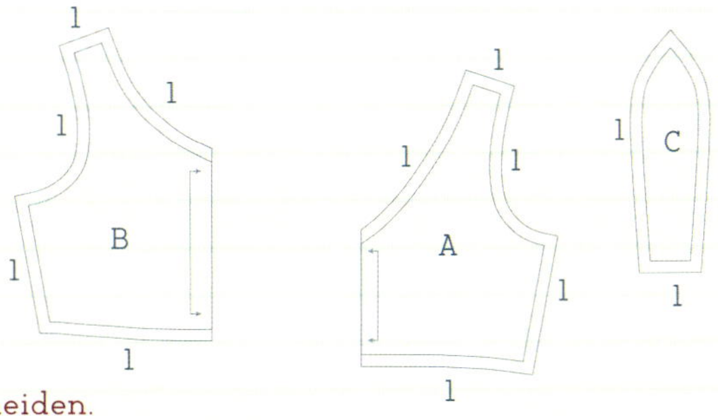

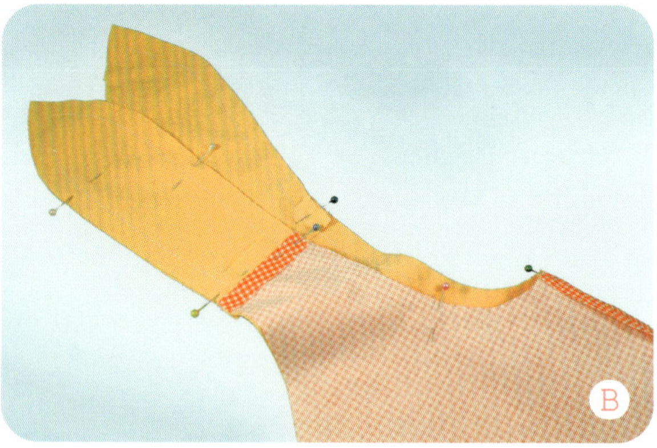

Hinweis: Wenn Sie eine Paspel oder Zackenlitze zwischen den Nähten anbringen wollen (siehe Foto Seite 53), tun Sie das am besten vor Schritt 1.

1 Foto A Die Teile für die Schulterschleifen am Vorder- und Rückenteil, sowohl am Oberstoff als auch am Futter, an den Schulternähten annähen. Die Nähte auseinanderbügeln.

2 Die Seitennähte an Oberstoff und Futter schließen. Die Nähte auseinanderbügeln.

3 Foto B Das Futter rechts auf rechts in das Oberteil schieben und alles zusammennähen, bis auf den unteren Rand. Die Nähte zurechtschneiden. Foto C Wenden und bügeln.

4 Foto D Eine Hilfslinie 1 cm über dem unteren Rand des Futters nähen. Zur Innenseite hin umbügeln.

5 Den Rock ansetzen (siehe Seite 52, So setzen Sie einen Rock an ein Oberteil).

STRANDKORB

OBERTEIL MIT NACKENSCHLEIFE
(3 bis 10 Jahre)

Wir mögen die elegante Erscheinung dieses Kleides. Die große Schleife sorgt für eine edle Note im frischen Look. Bänder, verschiedene Farben, ein besonderer Stoff für die Schleife ...

MATERIAL:

* Leichter bis mittelschwerer Baumwollstoff
* Reißverschluss in passender Länge

SCHNITTTEILE:

A Vorderteil 1 x im Stoffbruch
  1 x Futter im Stoffbruch
B Rückenteil 2 x, 2 x Futter
C Schleife 2 x

[Stoffbruch

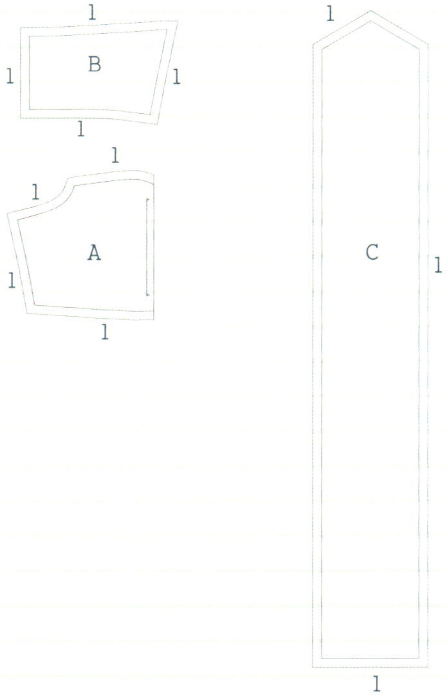

Mit der angegebenen Nahtzugabe zuschneiden.

--->

1 Foto A Die Teile für die Schleife rechts auf rechts in der Mitte falten. Nähte schließen, dabei die kurze gerade Seite offen lassen. Zurechtschneiden, wenden und bügeln.

2 Foto B Die Seitennähte an Oberstoff und Futter schließen.

3 Die Enden der Bänder entsprechend den Markierungen falten. Foto C Die Bänder an die richtige Stelle stecken. Das Futter darauf stecken. Foto D Den oberen Rand des Oberteils 1 cm breit umnähen, die Fadenenden nicht vernähen. Die Nähte zurechtschneiden, bis auf die Enden. Wenden.

4 Den Reißverschluss einsetzen (siehe Seite 64, Einen unsichtbaren Reißverschluss einsetzen).

5 Den Rock ansetzen (siehe Seite 52, So setzen Sie einen Rock an ein Oberteil).

MAMBO

OBERTEIL MIT KURZEN ÄRMELN
(3 bis 10 Jahre)

Bereit für den Mambo!? Mit diesem Modell tanzen wir direkt in die 50er-Jahre. Das Oberteil besteht aus zwei Teilen, die Sie aus dem gleichen oder aus verschiedenen Stoffen nähen. Wer mag, kann Spitzen oder Paspelband ergänzen. Die Falten sorgen für zusätzlichen Flair.

MATERIAL:

* Leichter bis mittelschwerer Stoff
* Bügeleinlage
* Paspelband
* Reißverschluss in passender Länge

SCHNITTTEILE:

A Vorderteil 1 x im Stoffbruch
B Mittelteil vorn 1 x im Stoffbruch, 1 x Bügeleinlage im Stoffbruch
C Rückenteil 2 x, 2 x Futter
D Mittelteil hinten 2 x, 2 x Bügeleinlage
E Vorderteil 1 x Futter im Stoffbruch
F Rückenteil 2 x Futter

[Stoffbruch

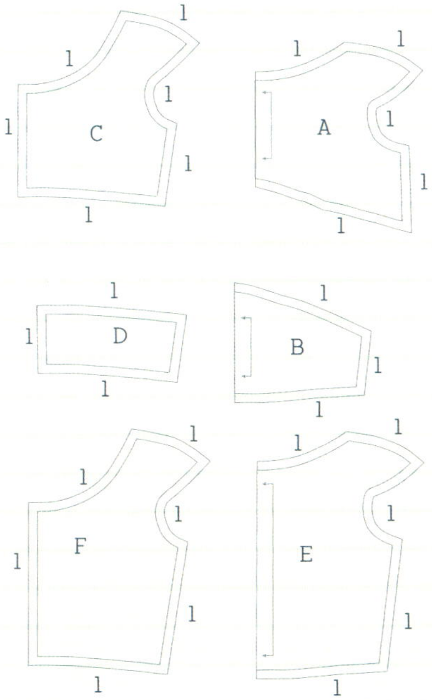

Mit der angegebenen Nahtzugabe zuschneiden.

-->

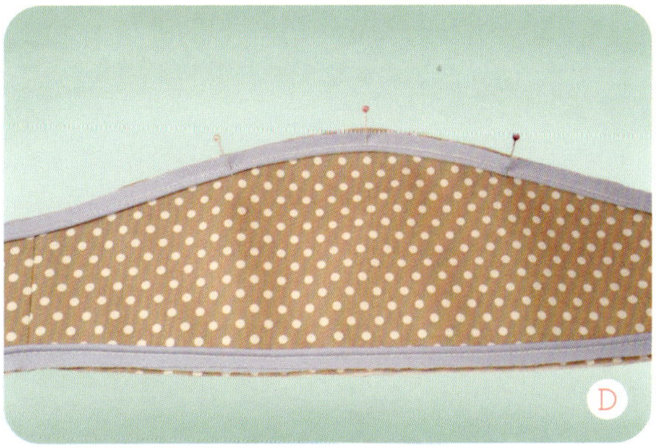

1 Bei den Markierungen am Vorderteil Kräuselfäden für die Falten anbringen.

2 Die Schulternähte schließen und bügeln. Die Schulternähte formen sich dabei leicht kugelig. Das ist kein Grund zur Sorge, das soll so sein. Auch die Schulternähte im Futter schließen.

3 Foto A Futter und Oberstoff rechts auf rechts zusammennähen. Den Halsausschnitt und die Armlöcher nähen. Die Nähte zurechtschneiden und durch die Schulteröffnung wenden. Bügeln.

4 Foto B Die Seitennähte an Oberstoff und Futter in einem Durchgang schließen. Die Nähte auseinanderbügeln.

5 Die Mittelteile mit Bügeleinlage verstärken und Foto C die Seitennähte schließen. Foto D Die Paspelbänder am oberen und unteren Rand des Mittelteils annähen. Die Mitte markieren, ebenso die Punkte, die mit den Falten zusammenfallen.

6 Foto E Das Mittelteil an das Oberteil stecken, sodass die Markierungen mit den Seitennähten übereinstimmen. Nähen und bügeln. Das Futter im Oberteil nicht mitnähen. Foto F

7 Den Rock an das Oberteil setzen (siehe Seite 52, So setzen Sie einen Rock an ein Oberteil). Den Reißverschluss einsetzen (siehe Seite 64).

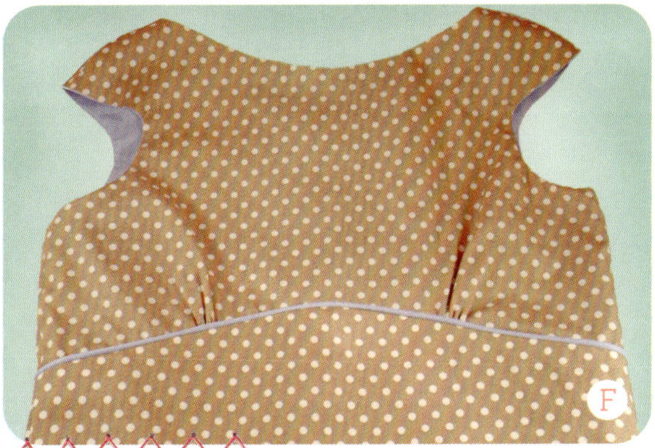

SO SETZEN SIE EINEN ROCK AN EIN OBERTEIL

Zu jedem Oberteil gehört ein Rock, zu jedem Rock ein Oberteil. Und fertig ist das Kleid.

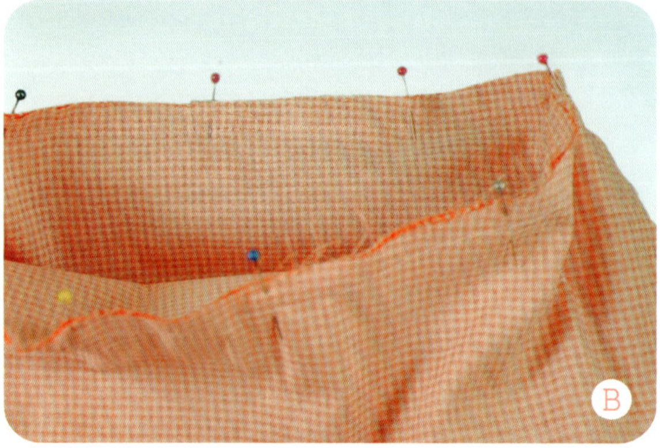

So setzen Sie einen Glockenrock an.

Der Schnitt für den Glockenrock befindet sich auf dem Schnittmusterbogen bei Kichererbse.

1 Foto A Eine Hilfslinie 1 cm über dem unteren Rand des Oberteil-Futters nähen.

2 Die Seitennähte des Rocks schließen.

3 Foto B Das Oberteil umgekehrt rechts auf rechts über den Rock schieben und am oberen Rockrand entlang nähen.

4 Foto C Die Naht leicht einschneiden.

5 Foto D Das Futter auf die Naht legen und an der richtigen Stelle feststecken. Beim Abstecken durch die umgebügelte Hilfslinie und die Verbindungsnaht mit dem Rockteil stechen. Hat das Kleid einen Reißverschluss, diesen jetzt einsetzen (siehe dazu Seite 64, Einen unsichtbaren Reißverschluss einsetzen).

6 Foto E Auf der vorderen Stoffseite 1 mm oberhalb des Einstichs und dementsprechend 1 mm oberhalb der Naht knappkantig absteppen (das ist auf der linken Stoffseite genau über dem Rand des Futters).

7 Den Saum nähen und versäubern, siehe Seiten 62 und 63, Säume.

Einen Faltenrock setzen Sie wie folgt an.

1 Die Seitennähte schließen.
2 Den oberen Rockrand in vier gleiche Teile einteilen und Markierungen anbringen. Kräuselfäden einziehen. Dazu mit großer Stichlänge eine gerade Linie am oberen Rockrand entlangsteppen. Anfang und Ende nicht vernähen.
3 Die Kräuselfäden anziehen und den Rock an das Oberteil stecken: dabei die Markierungen am Rock beachten.
4 Foto F Den Rock einnähen, wie auf Seite 52, Schritt 3 bis 7 für den Glockenrock erklärt.

HUMMELCHEN

SPIELANZUG (3 bis 10 Jahre)

Dieser Spielanzug ist doch zuckersüß! Komplett angezogen mit nur einem Kleidungsstück. Und man kann ihn ganz allein anziehen: Einsteigen, Reißverschluss hochziehen, fertig! Die Bündchen aus Trikotstoff wirken besonders schelmisch, und der Kragen sitzt auch im Sandkasten immer korrekt.

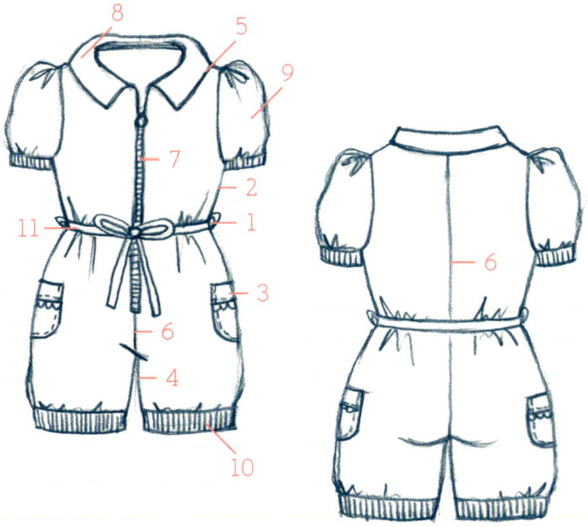

MATERIAL:

* Leichter bis schwerer Stoff
* Trikot- oder Bündchenstoff
* Bügeleinlage
* Reißverschluss in passender Länge
* Schrägband
* Nach Wunsch: Spitze oder Zackenlitze

SCHNITTTEILE:

A Vorderteil 2 x
B Rückenteil 2 x
C Ärmel 2 x
D Kragen 2 x, 1 x Bügeleinlage
E Tasche 2 x
F Taschenklappe 2 x

Nach Maß zuschneiden:
Gürtelschlaufe 2 x: 8 x 4 cm
Ärmelbündchen 2 x: Länge: unterer Ärmelrand - ¼ Ärmelrand, Breite: 6 cm
Hosenbeinbündchen 2 x: Länge: unterer Hosenbeinrand - ¼ Hosenbeinrand, Breite: 8 cm.

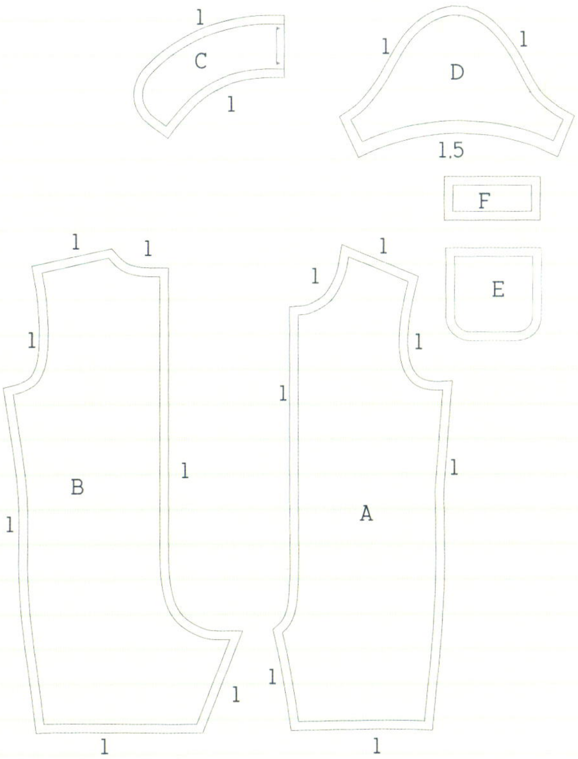

Mit der angegebenen Nahtzugabe zuschneiden.

-->

A
B
C
D
E
F
G
H
I
J
K
L

1 Die Gürtelschlaufen der Länge nach in der Mitte zusammenbügeln, die Ränder zur Mittellinie hin falten und zusammennähen.
2 Foto A Die Seitennähte schließen, dabei die Schlaufen mit einnähen. Die Nähte zusammen versäubern und nach hinten bügeln.
3 Foto B Eine Tasche anfertigen und an der richtigen Stelle annähen. (Dazu auf Seite 63 eine hübsche Tasche aussuchen oder selbst eine gestalten). Die Ränder versäubern, ausgenommen die Armlöcher und den Halsausschnitt.
4 Die inneren Beinnähte schließen. Nähte auseinanderbügeln.
5 Die Schulternähte schließen. Nähte auseinanderbügeln.
6 Foto C Das eine Bein rechts auf rechts in das andere schieben. Die hintere Naht, die in die Kreuznaht übergeht, schließen. Bis zur Reißverschlussmarkierung vorn nähen. Vernähen. Die Stichlänge auf das größte Maß einstellen und die Naht in der vorderen Mitte vorläufig zunähen. Die gesamte Naht auseinanderbügeln.
7 Bei kleineren Größen ist es gegebenenfalls praktisch, einen Teil der hinteren Naht offen zu lassen, bis der Reißverschluss eingenäht ist. Foto D Den Reißverschluss rechts auf die Rückseite der vorläufigen Naht in der vorderen Mitte legen. Den Reißverschluss anstecken. Darauf achten, dass die Öffnung des Reißverschlusses genau hinter der vorläufigen Naht liegt. Die Hose wenden. Foto E Mit dem Reißverschluss-Fuß am Reißverschluss entlang nähen; oben beginnen, nach unten nähen, im rechten Winkel über den Reißverschluss nähen, wieder im rechten Winkel abbiegen und entlang der Zähne die andere Seite des Reißverschlusses annähen. Bügeln. Die vorläufige Naht bis zum Ende der Kreuznaht unten am Reißverschluss auftrennen.
8 Den Kragen auf die rechte Seite des Anzugs stecken (siehe Seite 34, Zitronenfalter, Schritt 3 mit Foto E). Den Kragen 0,7 cm vom Rand entfernt annähen. Foto F Von der hinteren Mitte nach vorn rechts auf rechts ein Schrägband auf den Kragen stecken. Auf der anderen Seite wiederholen. Das Schrägband an den Enden zurückfalten, eventuell ein Eck zurechtschneiden wie auf dem Foto. Nähen. Foto G Das Schrägband zurück an Ort und Stelle falten und feststecken. Die Nadel in der linken Position befestigen und das Band am Rand des Schrägbands annähen; dabei den Nähfuß an der Kragennaht entlangführen. Bügeln.
9 Foto H Die Seitennähte des Ärmels versäubern. Mit möglichst großer Stichlänge zwischen den beiden Markierungen 2 Kräuselfäden in die Schulternaht des Ärmels ziehen. Die Seitennähte der Ärmel schließen. Foto I Die Seitennähte des Bündchenstoffs schließen und links auf links zusammenlegen. Foto J Den Bündchenstoff rechts auf rechts auf den Ärmel schieben, die Seitennähte zur Übereinstimmung bringen, den Bündchenstoff in Form ziehen und zusammenstecken. Foto K 0,7 cm vom Rand entfernt annähen. Beim Nähen weiter in Form ziehen. Danach den Rand mit Overlock- oder Zickzackstichen versäubern. Den Bündchenstoff nicht sofort mit Overlockstichen befestigen. Erst nähen, dann versäubern, das ergibt ein schöneres Bild. Foto L Den Ärmel einsetzen: Die Achsel zusammenstecken, die Markierung der Ärmelmitte an die Schulternaht stecken. Den Ärmel von der Achsel bis zum Beginn der Kräuselfäden feststecken. Diese anziehen, bis der Ärmel in das Armloch passt. Foto M Zusammenstecken und nähen. Die Nähte zusammen mit Overlock- oder Zickzackstichen versäubern.
10 Die Hosenbündchen wie die Ärmelbündchen fertigstellen.
11 Foto N Für den Gürtel ein Schrägband der Länge nach in der Mitte zusammennähen. Dazu die Enden nach innen umschlagen und mit annähen.

SCHNEEHASE

MÄDCHENMANTEL (3 bis 10 Jahre)

Dieser Mantel ist das Tüpfelchen auf dem i. Ein edler, halblanger Mantel mit eleganten Falten im Rockteil, vorn ebenso wie hinten. Die Spitze im Taschenrand, die zusätzliche Schulterpasse und die exakt ausgearbeiteten Manschetten machen diesen Mantel zum echten Meisterstück.
Das wird sicher ein Volltreffer, der auch gern getragen wird.

MATERIAL:

* Wollstoff, schwerer Canvas- oder Steppstoff
* Mittelschwerer Baumwollstoff als Futter oder Synthetik-Futter
* Bügeleinlage
* Nach Wunsch: Wattierte Einlage
* 10 Knöpfe

SCHNITTTEILE:

A Vorderteil: 2 x
B Rückenteil: 1 x im Stoffbruch
  1 x Futter im Stoffbruch
C Unteres Vorderteil: 2 x
D Unteres Rückenteil: 1 x im Stoffbruch
E Kragen: 2 x, 1 x Bügeleinlage
F Ärmel: 2 x, 2 x Futter
G Manschette: 2 x, 2 x Futter
H Rückenpasse: 1 x im Stoffbruch,
  1 x Futter im Stoffbruch
I Innenteil Tasche: 2 x Futter
J Tasche: 2 x
K Vorderteil: 2 x Futter
L Rückenteil: 1 x Futter im Stoffbruch

[Stoffbruch

Folgende Teile mit Bügeleinlage verstärken: Kragen, Rand der Tasche, Rand der Rückenpasse und Verschlusskante.

Mit der angegebenen Nahtzugabe zuschneiden.

1 Die Falten in den Vorderteilen und im Rückenteil bügeln und abstecken.
2 Foto A Den Rand der Tasche auf der linken Seite des Oberstoffs mit Bügeleinlage verstärken. Foto B Das Innenteil der Tasche auf das Vorderteil stecken und annähen. Mit der Zackenschere zurechtschneiden, wenden und bügeln. Foto C Absteppen. Eventuell das Knopfloch nähen. Foto D Die Tasche auf das Innenteil der Tasche nähen und versäubern. Die zweite Tasche ebenso nähen.
3 Foto E Die Taschen auf die unteren Vorderteile stecken. Nähen. Die fertige Tasche am oberen Rand mit festnähen. (Bei Wolle ist es nicht nötig, die Nähte zu versäubern. Wolle franst nicht aus, und Overlock- oder Zickzackstiche würden die Naht zu dick machen. Wird der Mantel aus Baumwolle genäht, ist Versäubern allerdings nötig.) Die Nähte nach oben umbügeln.
4 Die Knopfleiste an den Markierungen umbügeln. Foto F Das Futter für das Vorderteil an den inneren Rand der Knopfleiste nähen. Absteppen. Die Ränder versäubern. Foto G Die Stellen für die Knöpfe markieren und die für die Knopflöcher mit Bügeleinlage verstärken.

--->

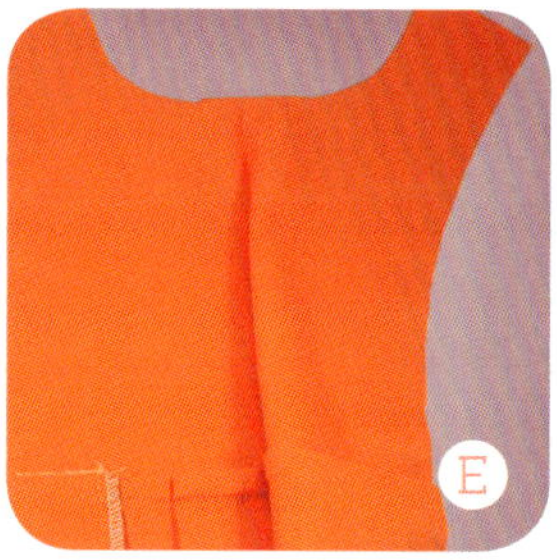
E

F

G

H

I

J

K

L

M
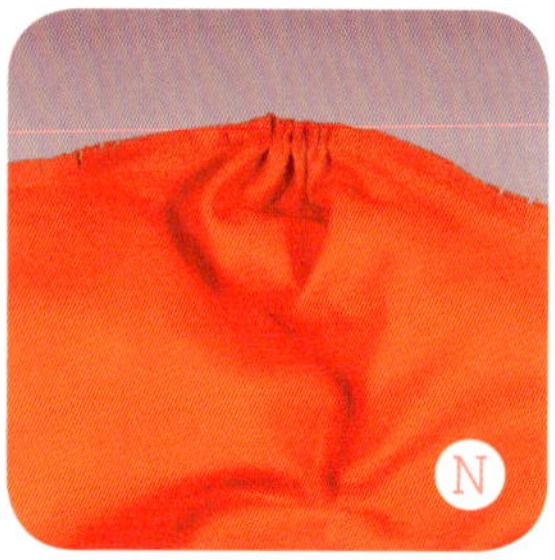
N

O
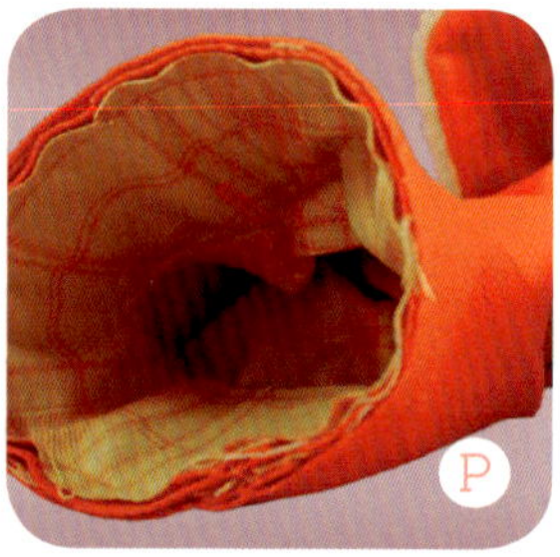
P

Q

R
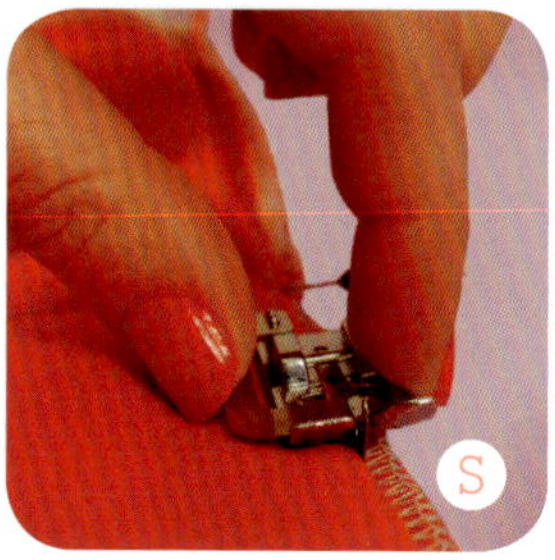
S

T

5 Foto H Das obere Rückenteil auf das untere Rückenteil stecken und annähen. Die Naht nach oben umbügeln. Die Ränder versäubern. Mit dem Futter für das Rückenteil wiederholen.

6 Foto I Die zusätzliche Rückenpasse anfertigen: Dafür Oberstoff und Futter rechts auf rechts zusammennähen. Wenden. Bügeln. Den unteren Rand absteppen und die Knopflöcher anbringen. Die Seitennähte versäubern. Die zusätzliche Rückenpasse auf das obere Rückenteil stecken.

7 Foto J Die Schulternähte an Oberstoff und Futter schließen. Die zusätzliche Rückenpasse mit einnähen. Die Schulternähte auseinanderbügeln.

8 Den Kragen anfertigen. Das obere Kragenteil rechts auf rechts auf das untere stecken. Die Ränder des Kragens zurechtschneiden. Den Kragen wenden, sodass alle Ränder genau aufeinanderliegen. Bügeln. Foto K Den Kragen an den Halsausschnitt des Oberstoffs stecken. 0,7 cm vom Rand entfernt annähen. Foto L Das Futter rechts auf rechts über den Oberstoff wenden, sodass der Kragen dazwischenliegt. Den Kragen in 1 cm Abstand annähen. Zurechtschneiden, vor allem die Ecken, in denen der Kragen endet. Die Naht leicht einschneiden. Den Mantel auf die richtige Seite wenden. Foto M Die Kragennaht auf das Futter der Rückenpasse steppen. An der Schulternaht stoppen.

9 Foto N Am oberen Rand der Ärmel in Oberstoff und Futter Kräuselfäden einziehen. Den Ärmel bis zu den Markierungen abstecken. Zwischen den Markierungen die Kräuselfaden anziehen, bis der Ärmel passt. Mit dem anderen Ärmel und dem Ärmelfutter wiederholen. Die Naht am oberen Ende des Ärmelfutters versäubern. Die Naht leicht einschneiden.

10 Die Seitennähte, und im selben Durchgang auch die Ärmelnähte an Oberstoff und Futter schließen. Die Nähte auseinanderbügeln. Die Nähte aus Schritt 3 und Schritt 5 in einem Durchgang absteppen.

11 Foto O Die Seitennähte der Manschetten an Oberstoff und Futter schließen. Oberstoff und Futter rechts auf rechts aufeinanderlegen, den geschwungenen Rand nähen, mit der Zackenschere zurechtschneiden, wenden, bügeln und absteppen. Nach Wunsch Knopflöcher anbringen. Foto P Die Manschette umgekehrt in den Ärmel schieben, die rechte Seite der Manschette zum Ärmelfutter hin. Die Seitennähte von Ärmel und Manschette in Übereinstimmung bringen. 1 cm vom Rand annähen. Die Naht versäubern und 0,5 cm breit absteppen.

12 Den unteren Mantelrand von Oberstoff und Futter mit Overlock- oder Zickzackstichen zusammennähen. Den unteren Rand des Futters 0,5 cm kürzer versäubern. Foto Q Den Saum rundum 4 cm breit umstecken und bügeln. Foto R Den Saum zurückfalten wie auf dem Foto und mit einem Foto S Blindsaumfuß einen blinden Saum nähen. Foto T Die Ecken unten in der vorderen Mitte von Hand bis kurz vor die Falte annähen.

13 Die übrigen Knopflöcher anbringen und die Knöpfe annähen.

GRUNDTECHNIKEN

MÄDCHEN

NÄHEN UND VERSÄUBERN

1 Mit der Zackenschere zurechtschneiden Foto A
2 a Mit Zickzackstichen zusammennähen Foto B
  b Auseinanderbügeln und mit Zickzackstichen versäubern
3 a Mit Overlock-Stichen zusammennähen Foto C
  b Auseinaderbügeln und mit Overlock-Stichen versäubern
4 Die Nahtzugaben umbügeln und absteppen Foto D

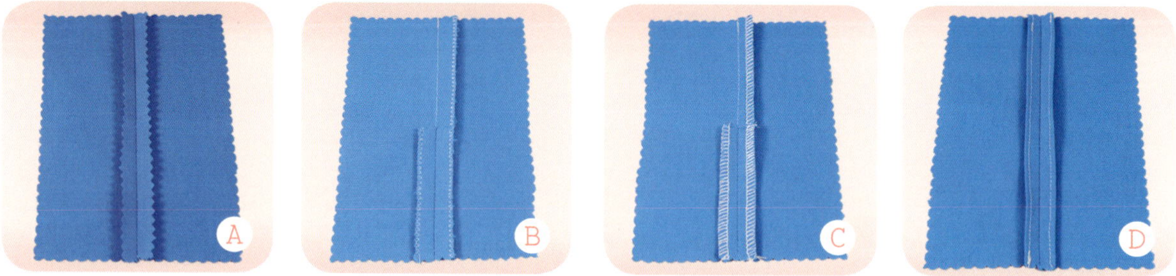

SÄUMEN

Saum mit Schrägband

Foto E Das Band nach innen wenden, feststecken und auf der rechten Seite 7 mm vom Rand nähen.

Saum mit gewelltem Rand (siehe auch Schnittmusterbogen)

1 Einen 10 cm breiten Stoffstreifen in der Länge des unteren Rockrandes zuschneiden. 1 cm vom Rand eine Hilfslinie nähen. Die unteren 5 cm mit Bügeleinlage verstärken, den Stoffstreifen der Länge nach in der Mitte falten. Die Bögen übertragen. Mit 1 cm + einem halben Bogen beginnen und enden.

2 Foto A Die Borte rechts auf rechts an den unteren Rockrand nähen. Foto B Die Bögen einschneiden und den Stoff dicht an der Naht abschneiden.

3 Foto C Wenden und bügeln.

4 Die rückwärtige Naht der Bogenkante schließen. Den Rand der Bögen knappkantig absteppen.

Saum bei Knopfleiste

1 Die Knopfleiste auf die Rückseite der Arbeit umlegen (Foto A rechts) und am Saum annähen; wenden und bügeln (Foto A links).

2 Foto B Den Saum vollständig nähen.

TASCHEN

Runde Tasche mit Schrägbandschleife (siehe auch Schnittmusterbogen)

1 Foto A Die Tasche wie im Schnittmuster angegeben falten.

2 Foto B Das längere Stück Schrägband links auf rechts am gesamten oberen Rand der Tasche annähen; dabei das Ende des in der Mitte gefaltete kurzen Stücks mit annähen.

3 Foto C Das lange Band falten wie auf dem Foto und in der Mitte 0,5 cm zusammennähen.

4 Foto D Das kurze Band unter das lange falten. So dicht wie möglich am Rand annähen.

5 Foto E Eine Hilfslinie 1 cm vom Rand nähen und an der Hilfslinie umbügeln.

6 Foto F Die Tasche feststecken und 2 mm vom Rand entfernt aufnähen.

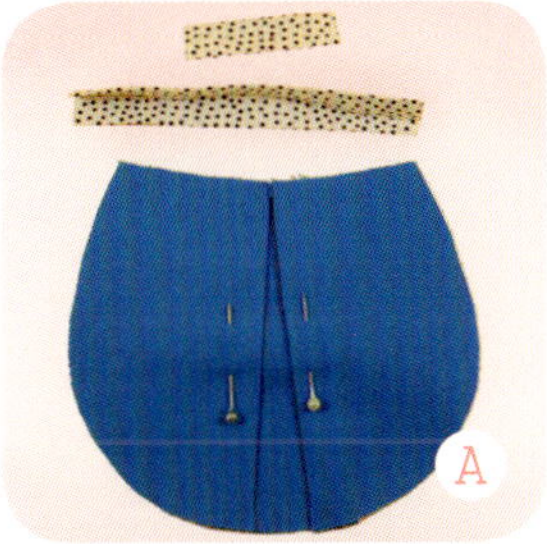

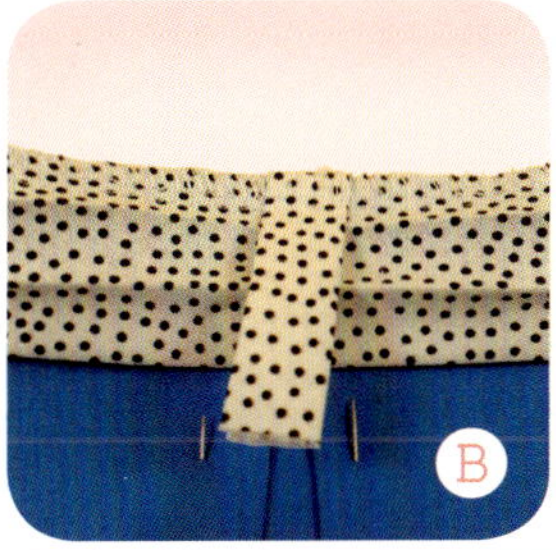

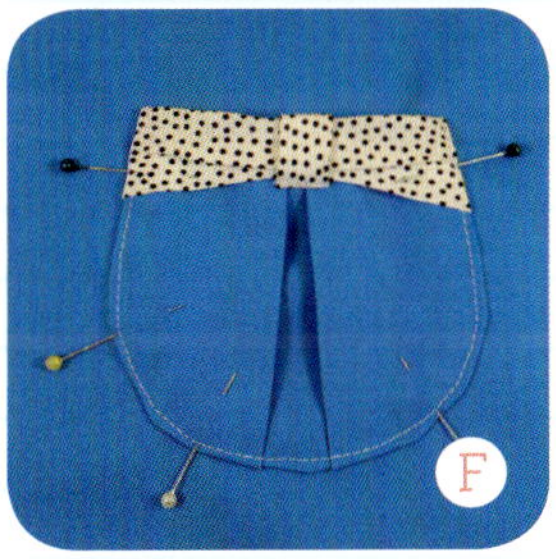

Tasche mit kontrastierender Borte und Spitze

1 Foto A Die Borte wie auf dem Foto an die Tasche nähen und bügeln.

2 Foto B Die Spitze wie auf dem Foto an die Borte annähen und umbügeln.

3 Foto C Die Borte direkt über der Spitze auf der rechten Seite absteppen. Rund um die Tasche 1 cm vom Rand entfernt eine Hilfslinie nähen. An der Hilfslinie umbügeln und zurechtschneiden.

4 Foto D Die Tasche feststecken und 2 mm vom Rand entfernt aufnähen.

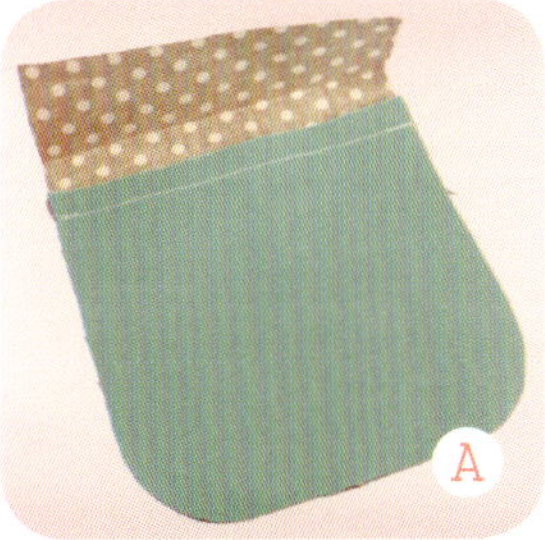

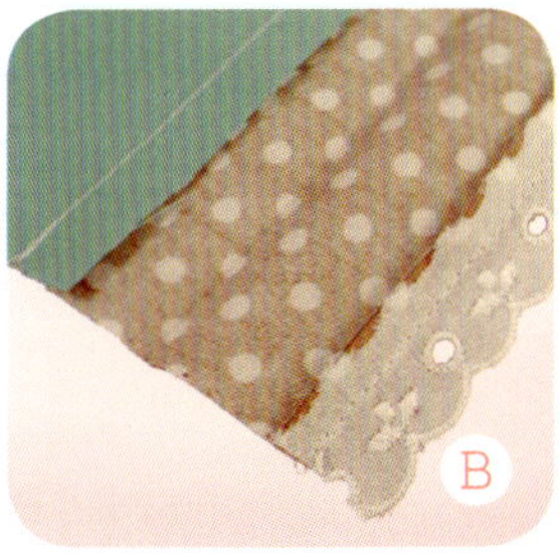

--->

EINEN REISSVERSCHLUSS UNSICHTBAR EINSETZEN

Einen Reißverschluss unsichtbar an einem gefütterten Modell einsetzen. Um den Reißverschluss an einem Modell mit Beleg einzusetzen, siehe Seite 28, Marshmallow.

1 Die Naht von unten nach oben bis zur Reißverschlussmarkierung schließen. Foto A Am oberen Rand des Futters 1,5 cm offen lassen.

2 Foto B Die rechte Seite des Reißverschlusses rechts auf rechts auf das rechte Rückenteil stecken. Foto C Mit der Stecknadel die Reißverschlusszähne aufrollen. Das untere Ende des Reißverschlusses liegt dabei einige Zentimeter tiefer als die Reißverschlussmarkierung, d. h. der Reißverschluss überlappt die bereits geschlossene Naht um einige Zentimeter. Foto D Das Futter rechts auf rechts über den Reißverschluss falten. Hier den Reißverschlussfuß einsetzen: Die 1,5 cm bis zum Reißverschluss, die am oberen Rand des Futters noch offen waren, zunähen. Drehen. Entlang der Reißverschlusszähne von oben nach unten nähen. Foto E Das Futter an seinen Platz zurückklappen und feststecken.

3 Foto F Bei geschlossenem Reißverschluss den Rock gleichmäßig zu beiden Seiten des Reißverschlusses auslegen, Foto G und feststecken. Foto H Von unten nach oben nähen. Das Futter noch nicht mitnähen. Den Reißverschluss öffnen. Foto I Den Reißverschluss und das Futter anstecken wie an der anderen Seite des Reißverschlusses und bei offenem Reißverschluss die gesamte Naht von unten nach oben nähen.

4 Foto J Das Futter annähen. Siehe Seite 52, So setzen Sie einen Rock an ein Oberteil, Schritt 6.